CÓMO UNA MUJER
SE CONVIERTE EN BRUJA
Y UN HOMBRE EN BESTIA

CÓMO UNA MUJER
SE CONVIERTE EN BRUJA
Y UN HOMBRE EN BESTIA

Conductas que destruyen y conductas
que fortalecen la relación de pareja

MARTHA ALICIA CHÁVEZ

Grijalbo

Cómo una mujer se convierte en bruja y un hombre en bestia
Conductas que destruyen y conductas que fortalecen la relación de pareja

Primera edición: 2017
D. R. © 2017, Martha Alicia Chávez

D. R. © 2017, Miguel Romo Guerra por el texto:
El efecto Dorian Gray en la relación de pareja

D. R. © 2017, derechos de edición mundiales en lengua castellana:
Penguin Random House Grupo Editorial, S. A. de C. V.
Blvd. Miguel de Cervantes Saavedra núm. 301, 1er piso,
colonia Granada, delegación Miguel Hidalgo, C. P. 11520,
Ciudad de México

www.megustaleer.com.mx

ISBN: 978-607-315-305-8

Impreso en México – *Printed in Mexico*

El papel utilizado para la impresión de este libro ha sido fabricado a partir de madera procedente
de bosques y plantaciones gestionadas con los más altos estándares ambientales, garantizando
una explotación de los recursos sostenible con el medio ambiente y beneficiosa para las personas.

Penguin
Random House
Grupo Editorial

¿Llamados del alma?
¿Karma?
¿Dharma?
¿Destino?
¿Casualidad?
¿Amor?

Dedico este libro a la misteriosa, insondable,
fascinante, trascendente y a veces devastadora
experiencia humana llamada
"relación de pareja"…

¡Con mucho amor!

Índice

PARTE 4. FORTALECER LA RELACIÓN

Capítulo 8. Conductas que fortalecen

Había una vez...

Había una vez una mujer hermosa y llena de luz. No tan joven como para no necesitar cremas faciales, ni tan vieja como para que ya no le hicieran efecto. No era una princesa ni nada excepcional. Era una mujer simple, como yo, que escribo este libro, y como tú, que lees.

Una mañana esa mujer se miró al espejo y lo que vio en él no le gustó; más aún, le chocó. Esto le sucedía desde hacía tiempo. "¿Dónde estoy? ¿Dónde está la que solía ser?", se cuestionó. Analizó cada detalle de su rostro y de su cuerpo: no era que tuviera más arrugas ni que hubiera ganado o perdido peso. Era... "algo"... que ya no estaba ahí, "algo" que recientemente sí estaba. Añoraba aquello y detestaba esto.

Como no le gustaba la imagen de sí misma que el espejo le mostraba, se arreglaba y maquillaba con esmero, vestía ropa nueva, se hacía cambios en el cabello con el afán de agradarse, pero no lo conseguía. "Algo" diferente había en ella.

En muchos momentos del día se descubría enojada y amargada sin saber por qué; ya no cantaba, ya no bailaba, ya no reía. ¡Cómo se extrañaba a sí misma!... a la que solía ser. Parecía estarse convirtiendo en otra y lo que quedaba de aquélla se percibía lejano y difuso como un sueño. La nueva sí misma la asustaba, la separaba del gozo y la paz que antes eran parte constante de su vida.

Al paso del tiempo, pero no de mucho tiempo como para no recordarlo, una mañana se miró al espejo… y ¡se horrorizó! Se había convertido en una horrenda bruja… enojada… más bien ¡furiosa!, resentida y con sed de venganza. Su alegría se transformó en amargura, su luz en penumbra y su amor en dolor.

Había una vez un hombre apuesto y encantador. Con algo de niño, como los hombres son. Poseedor de buenos talentos y habilidades, de los que sólo se afianzan con la experiencia que da la vida. Su dependencia infantil y sus rasgos adultos que completaban el cuadro le daban un aire fascinante. Gustaba de pasar tiempo con su mujer, también encantadora. Compartían todo: la comida, los paseos, el placer carnal y las pequeñas y grandes cosas que el día a día les ofrecía.

La vida seguía su curso; las hojas de los árboles caían, el invierno llegaba, las hojas salían de nuevo y las frutas maduraban en sus ramas. Mientras eso sucedía y la existencia hacía lo suyo, él efectuaba constantes recuentos de sus desilusiones y expectativas rotas. Su masculinidad estaba herida, su corazón resentido. Se volvió frío y lejano, amargado y hostil. Los talentos se le volvieron torpes y las habilidades difusas. Una dura coraza que le impedía sentir cubría su cuerpo. ¿Le gustaba lo que ocurría? ¡En absoluto! ¿Eso quería? ¡De ninguna manera! Se veía grotesco y feo como una bestia. Y no era una ilusión… en realidad se había convertido en una bestia.

La hermosa mujer convertida en aterradora bruja. El apuesto caballero transformado en fea bestia. ¿Qué sucedió durante ese transcurrir de primaveras? ¿Fueron acaso las víctimas de un desafortunado hechizo? ¿Era posible revertirlo y volver a ser quienes antes eran?

Éstas son sus historias…

Introducción

La relación de pareja es una experiencia de vida intensa, interesante y grandiosa. Puede ser una fuente de seguridad, compañía y gozo, o de sufrimiento y amargura. En ella se manifiestan, en su máxima expresión, los demonios y los ángeles que cada uno lleva dentro. La relación puede representar también una invaluable oportunidad de alcanzar el autoconocimiento y el crecimiento personal, o bien, de reforzar la ceguera que las defensas producen para no vernos a nosotros mismos, para no asumir las propias responsabilidades, sino culpar al otro, buscando reforzar los destructivos juegos del ego.

En primera instancia, ¿cómo elegimos pareja? Podríamos responder a este cuestionamiento con afirmaciones como: "Por los valores y cualidades que le veo, por la enorme atracción que siento, por lo agradable que es la convivencia, por su dinero, por su apellido, por su fama, por su belleza", entre otras. Sin embargo, hay aspectos inconscientes que influyen poderosamente en el proceso de elegir pareja. El término "elegir" implica un proceso consciente y reflexivo, así que mejor diré "sentirse atraído" por determinada persona para formar con él o ella una pareja.

Pues bien, desde el punto de vista psicológico, se ha estudiado a fondo el hecho de que nos sentimos atraídos por alguien que emule a nuestra madre o padre. Esto significa que esa persona con quien deseamos relacionarnos como pareja de alguna forma nos ofrece los mismos patrones de relación o posee ciertos rasgos de personalidad que encontramos en alguno de nuestros padres.

Esa atracción inconsciente no necesariamente tiene que ver con el sexo de la persona. Es decir, no se trata de que la mujer busque a quien se parezca a su padre y el hombre a quien se parezca a su madre; más bien, tiene que ver con cuál de los progenitores hay conflictos no resueltos y heridas no sanadas. Por ello, puede ser que la pareja de una mujer se parezca a su madre y la de un hombre a su padre.

Veamos un ejemplo: una persona se involucra con una pareja controladora y fría o abandonadora, violenta, débil y dependiente, etc., tal como su madre o padre, justo porque le ofrece el mismo patrón de relación que le resulta tan conocido. Por más doloroso que haya sido y siga siendo, ese "paso" es el único que sabe bailar. No sabe cómo relacionarse con una persona amorosa, cercana, comprometida, respetuosa de su individualidad y con otras virtudes, porque eso nunca lo tuvo.

Virginia Satir, quien fue una autoridad en temas de terapia familiar y de pareja, lo expresó de esta forma:

¿Por qué elegiste al compañero(a) que tienes?

¿Habías encontrado las cualidades que él/ella tiene en tus propios padres?

Las personas quieren a menudo una clase de matrimonio diferente al de sus padres, pero lo conocido genera una fuerza poderosa. La mayoría de las personas escogerá siempre lo conocido, por más incómodo que resulte, y no lo desconocido, aunque sea mucho mejor.

Otra razón por la cual podemos sentirnos atraídos a formar pareja con alguien es que, en tanto no hayamos sanado las heridas de la infancia, en nuestro interior seguirá latiendo ese niño herido que se dice a sí mismo: "A ver si ahora que soy grande puedo cambiar a mi pareja, ya que no pude cambiar a mi padre/madre". Lo cierto es que no podrá hacerlo. Aunque dedique su vida a intentarlo, aunque deje su paz y su salud en el camino, no lo logrará. Ésa es la tragedia de quienes se esfuerzan en cambiar a su pareja. Es mejor verse a sí mismo, comprender cuál parte de la historia personal se intenta reescribir con ese infructuoso esfuerzo y aceptar —en cuerpo y alma— que a la única persona a quien se puede cambiar es a uno mismo.

Desde un punto de vista físico, diversos expertos como Helen Fisher, Michael Leibowitz y Héctor Sabelli, entre otros, afirman que la biología ejerce una influencia poderosa en la elección de pareja, y a fin de cuentas sus propuestas confirman que nos sentimos atraídos por quien se parece a nuestros padres. Diversos estudios realizados en diferentes culturas y países mostraron que las parejas tienden a parecerse físicamente entre sí, con base en parámetros como la longitud del dedo medio, la distancia entre los ojos, el ángulo de la quijada, el ancho de la nariz y su relación con el resto de la cara, el tamaño del lóbulo de la oreja, el tipo de olor corporal, etc. Es decir, nos sentimos impulsados a unirnos a alguien semejante a nosotros y, por tanto, a nuestros padres.

Desde la perspectiva filosófica o esotérica, los estudiosos dirían que la atracción por una determinada persona con quien deseamos formar una pareja está influenciada por aspectos como el karma, el dharma, el destino, el encuentro con el alma gemela, entre otros.

Sin lugar a dudas todos y cada uno de estos factores contribuyen a formar la intensa experiencia humana que llamamos atracción, y que es el poderoso lazo que nos une con alguien. En términos de la naturaleza, se diría que el objetivo de esa unión es asegurar la preservación de la especie; en los ámbitos de la psicología y la espiritualidad, se diría que es el conocerse, trascender e iluminarse por medio de la pareja.

LAS ETAPAS DE LA RELACIÓN

En las últimas décadas el estudio de la relación de pareja ha alcanzado niveles fascinantes. Desde todos los puntos de vista ha sido objeto de análisis y resultados por demás interesantes. Cuanto más la conozcamos y entendamos, mejor podremos comprender lo que sucede en ella. Cada miembro de la pareja puede encontrarse en una etapa distinta y no todas las personas necesariamente se separan cuando la relación está, en esencia, acabada.

Leslie Cameron-Bandler, terapeuta, autora de varios libros y cocreadora de la Programación Neurolingüística junto con John Grinder y Richard Bandler, propone que la relación de pareja atraviesa por una serie de etapas, las que veremos a continuación. Asimismo, afirma que conocerlas contribuye a comprenderla y a emprender acciones preventivas y efectivas para mantenerla en un nivel satisfactorio y saludable, o para darse cuenta de cuándo empiezan a presentarse señales de deterioro.

CÓMO COMIENZA EL AMOR

Atracción

En esta etapa ambos encuentran lo que Cameron-Bandler llama "mutuas equivalencias complejas de atracción", lo cual se refiere a ciertas conductas que si una parte de la pareja las presenta, la otra parte las interpreta como señales de interés, amor, enamoramiento u otros sentimientos. ("Esa forma de mirar equivale a que le gusto; ese tono de voz significa ternura; ese comentario indica que quiere invitarme a salir; esa llamada significa que soy alguien especial; el que se ría de mis bromas equivale a que me considera divertido e inteligente"…)

Por su parte, la antropóloga e investigadora Helen Fisher, autora de varios libros, entre ellos el *bestseller Anatomía del amor*, sostiene que en esta fase de atracción se presentan fuertes reacciones químicas ante pequeños detalles o comportamientos, o ante la sola presencia del otro o el sonido de su voz.

El amor, dice Fisher, es un estado muy complejo en el que intervienen numerosos tipos de moléculas que desencadenan el siguiente proceso bioquímico.

En la primera etapa la feniletilamina (FEA) promueve la secreción de dopamina y norepinefrina (anfetaminas naturales), lo que produce una sensación de euforia. Aquí ocurre el "flechazo", con el que se liberan más de 250 sustancias químicas en el organismo que provocan las siguientes reacciones corporales:

- Brillo en los ojos. Las pupilas se dilatan hasta 30% al ver a la persona.
- Optimismo. El timo genera timina, la cual levanta el estado de ánimo.
- La respiración aumenta 30 ciclos por minuto.
- La producción de cortisol (la hormona del estrés) baja.
- La producción de dopamina que bloquea la sensación de hambre aumenta.
- Cambios hormonales en el organismo.
- El cerebro segrega dopamina, ácido glutámico y feniletilamina, que causan estados placenteros.
- Pérdida de memoria por la saturación de emociones en el córtex (almacén de la memoria).
- El cerebro produce grandes dosis de adrenalina y endorfinas que bloquean las sensaciones de dolor y cansancio.
- Mejora el funcionamiento del sistema inmunológico y, por consiguiente, hay una mayor resistencia a las enfermedades.

El "flechazo" no dura más de tres meses, pues el cuerpo no soportaría seguir expuesto por un mayor tiempo a semejante marcha forzada.

Aprecio

Esta etapa implica un estado mental y físico de bienestar en presencia de la pareja. Hay gran voluntad y disposición de ambas partes de ganarse al otro con base en detalles y buscando satisfacer sus necesidades.

Desde un punto de vista filosófico/espiritual podemos afirmar que es en estas dos primeras etapas cuando se ve a la pareja desde los ojos del alma, a través de los cuales percibimos la divinidad en él o ella, su esencia perfecta que nos hace adorarla y sentirnos encantados ante su presencia.

Habituación

Significa la valoración profunda. Brinda seguridad, paz y confianza, siempre y cuando todavía prevalezcan detalles de las etapas anteriores. El enemigo número uno es la rutina, si se permite que conduzca al aburrimiento, afirma Cameron-Bandler.

A esta etapa Helen Fisher la llama de "pertenencia". Asegura que en ella el cerebro produce importantes cantidades de endorfinas, "drogas" naturales similares a la morfina y otros opiáceos que aportan la sensación de seguridad y paz, y que son características de esta etapa. Además, considera que las tres etapas hasta aquí mencionadas pueden durar alrededor de cuatro años, intervalo en el cual es necesario apuntalar y enriquecer la relación para evitar su deterioro.

Cómo comienza a deteriorarse el amor

Expectativas

Cameron-Bandler propone que en esta etapa cada miembro de la pareja espera que el otro satisfaga sus expectativas personales, y cuando lo cumple, lejos de valorarlo como un acto de amor o de complacencia, piensa que es su obligación hacerlo. Asimismo, es aquí cuando las expectativas no cumplidas dan lugar a desilusiones, surgen más quejas que cumplidos y la atención se centra en lo que no hay y no en lo que sí hay.

"La desilusión que dificulta el camino del amor llega cuando la persona se da cuenta de que el príncipe azul (o la princesa) no es más que un simple ser humano", dice Robin Norwood, autora de *Las mujeres que aman demasiado*.

Desilusión

Si la pareja nada ha hecho para nutrir y cuidar su relación, ni para detener su deterioro, llegará esta etapa en la que ambos albergarán fuertes sentimientos de falta de amor y respeto, de confusión y de evocación del pasado con nostalgia y tristeza. Entonces se escuchan con frecuencia frases como: "Ya no es lo que antes era".

Reorientación perceptual

En estos momentos no se aceptan los intentos del otro de agradar y sus detalles amables no cambian el estado emocional de enojo, resentimiento, rechazo y desilusión de su pareja.

En etapas anteriores ciertas conductas o detalles tenían un efecto conciliador eficaz. Por ejemplo, pedir perdón, regalar flores, invitarlo a cenar, abrazarlo, expresarle amor, hacerle un obsequio, entre otros, provocaban una reacción favorable y disposición en el destinatario. Una vez que se arriba a esta etapa los detalles que antes causaban ese efecto conciliador ya no lo tienen más y, por el contrario, incluso pueden reforzar los sentimientos de enojo y molestia: "¿Para qué pides perdón si sigues haciendo lo mismo?", "¿Con unas flores quieres arreglar las cosas?", "No me interesa tu invitación a cenar", "¿Qué caso tiene que me regales esto si...?"

En estos momentos se acabó el encanto, el amor se fue y el resentimiento impera en la relación. Como resultado, algunos se separan, pero otros, a pesar de la insatisfacción y el desamor, siguen juntos por muchos años o por el resto de su vida.

Sobra decir que no hay por qué llegar a este punto, pero, de no cuidarse la relación, es muy probable que esto suceda. A una casa se le impermeabiliza, se le da mantenimiento, se le pinta; a un automóvil se le afina, lava, encera, repara; a un negocio se le dedica tiempo y cuidados. Sin embargo, a la relación de pareja se le abandona, se le descuida, se le deja con los huesos fracturados y las heridas abiertas. Y en algunas ocasiones —muy pocas en realidad— se hacen intentos por subsanarla y reconstruirla. A veces el pronóstico es esperanzador, pero a veces, por desgracia, no lo es en absoluto.

Como comenté en párrafos anteriores, en las primeras etapas de la relación surge en automático en nosotros la capacidad de ver la divinidad en el otro. Ya sea que esto ocurra por las reacciones químicas en el cuerpo, porque en esos momentos tocamos los umbrales del verdadero amor, o por ambas razones y otras más, el hecho es que en esa etapa percibimos la belleza y el valor refulgentes de nuestro ser amado. Los defectos se minimizan (si es que siquiera se ven); las cualidades se engrandecen; sus olores, sus conductas, su voz, se perciben diferentes; la aceptación y la tolerancia están presentes en todo momento y en su máximo esplendor.

¿Por qué no podemos quedarnos así? ¿Por qué lo que en un principio se percibía perfecto con el paso del tiempo se transforma en total imperfección? ¿Por qué lo que al principio se consideraba como una voz vivaz luego se percibe chillona, los chistes que antes sonaban ingeniosos parecen tonterías y las caricias tiernas de los albores de la relación después se perciben como empalagosas?

Entre los investigadores de la química y la anatomía del amor algunos se han cuestionado si sería posible "manipular" la producción de FEA para prolongar los estados amorosos del flechazo, la atracción y la habituación. Tal vez esto, como el encontrar la fuente de la eterna juventud, sea una utopía. Porque los seres humanos somos mucho más complejos que simples reacciones químicas, en la relación de pareja intervienen infinidad de factores más que esos procesos biológicos. Y vale la pena identificarlos, porque en la medida en que los tengamos presentes podremos manejarlos.

¿POR QUÉ SE DETERIORA LA RELACIÓN?

Quizá no haya respuestas únicas y totalmente válidas a esta pregunta, pero en alguna medida la experiencia y la curiosidad nos llevan a intentar desentrañar esta profunda y misteriosa experiencia humana llamada relación de pareja. Así podremos plantear algunas ideas que respondan a la pregunta que encabeza esta sección: ¿por qué se deteriora la relación?

Un factor que sin duda interviene en este proceso es la historia personal de cada uno de los involucrados. Las heridas no sanadas que algunas conductas del otro reactivan; el temor a vivir abandonos pasados que hacen que cerremos el corazón por si la historia se repitiera; las necesidades no satisfechas que se espera que el otro satisfaga, así como todo el bagaje de asuntos no resueltos, dolores vividos, amargura y resentimientos acumulados, y un sinnúmero de factores personales que incorporamos a la relación. Si bien es imposible establecer ésta sin ellos —pues son parte de nuestra vida y de lo que somos—, sí es posible, y muy necesario, hacerlos conscientes y responsabilizarnos de los mismos, en lugar de esperar que sea la pareja quien los "cargue" y los resuelva. Hacernos responsables significa, justamente, trabajar en sanarlos, y para lograrlo hemos de asumirlos como propios.

DE BRUJAS Y BESTIAS

Tanto el nombre como la imagen de la "bruja" tienen una variedad de significados. Desde la mujer sabia, mística, sanadora, psíquica y mágica, hasta la mujer horrenda, malvada y maligna. En el contexto de este libro utilizo esta palabra como el símbolo de una mujer amargada, agresiva, hostil, grosera y resentida, que no inspira el deseo de convivir con ella.

Así también, la palabra "bestia" es una forma de llamar a un simple animal, pero también de referirse a un personaje ficticio, por lo general tenebroso, peligroso, horrendo y rudo. Es éste el significado que le doy aquí al término para definir al hombre que, como producto de las dinámicas patológicas con su mujer, desarrolla esas características y comportamientos.

Al paso del tiempo y de la convivencia cotidiana, cada miembro de la pareja presenta conductas que tendrán una repercusión y que poco a poco crearán el cielo o el infierno en que ambos vivirán. Ninguna conducta queda exenta de dichos resultados y la falta de conciencia a este respecto provoca que los involucrados hagan, digan o dejen de hacer algo, sin medir el poder de sus palabras y sus acciones para construir o destruir el alma de la relación. Es necesario sensibilizarnos y aceptar que los dos integrantes de la pareja son responsables de lo que han creado y de crear algo diferente, si así lo deciden. Es necesario, por lo menos, darse cuenta del poder creador y destructor de las palabras y las acciones.

En mi quehacer profesional como psicoterapeuta familiar, de pareja e individual, he atendido cientos de casos de pareja. Casi todos estos pacientes hablan con nostalgia de cuán maravilloso era todo en el pasado. Añoran aquellos tiempos cuando se divertían, se amaban, se apoyaban y tenían una vida sexual activa y plena. Ahora los separa una barrera de resentimiento y dolor que parece infranqueable.

¿En qué momento sucedió eso?…

¿Por qué si estaban tan enamorados y dispuestos han llegado a este punto de insatisfacción y desencanto?…

CAMILA Y ALBERTO

Camila tiene todas las edades y apariencias. Ella es la protagonista y ejecutora de las conductas, actitudes y acciones femeninas que presento en este libro. Simboliza a todas las mujeres y representa el papel de cada uno de los personajes femeninos que componen los casos de esta obra.

Alberto es joven y también maduro. Simboliza y representa a cada uno de los hombres que protagonizan las historias que presento en estas páginas. Camila y Alberto, Alberto y Camila, serán los representantes de todas las conductas que aquí analizaremos y que destruyen la relación de pareja.

Parte 1

Cómo un hombre se convierte en bestia

Capítulo 1

La "hija/esposa" de papá

Camila y Alberto llegaron a consulta. Ella, molesta y resentida, ocupa varios minutos en enlistarme los muchos defectos de su esposo y las virtudes de su padre. El primero no vale tanto como el segundo. El segundo siempre apoya, resuelve, comprende, ¡y es tan inteligente y maravilloso! El primero sólo hace sufrir.

El padre de Camila y el resto de la familia residen en otra ciudad. Ella vive atormentada entre el deseo de divorciarse y mudarse ahí para estar con ellos, y la duda de que tal vez alejar a sus hijos de su esposo, que es un buen padre, no sea una buena medida. Un pie de Camila está plantado en la casa de su familia nuclear[1] y el otro en la de su familia de origen.[2] Vivir de esa forma le impide moverse en cualquier dirección, y eso lo expresa diciendo que su relación de pareja está estancada.

Después continúa hablando de las virtudes de su padre y compara cada una con la ausencia de ellas en su esposo: papá le pagó casi todo el costo de un posgrado que recientemente terminó, pues su esposo sólo pudo cubrir una parte; le paga el vuelo cada vez que va a visitar a la familia, para

---

[1] Se llama así al grupo familiar que una persona decide formar al unirse a una pareja y tener hijos (o no).

[2] Se llama así al grupo familiar dentro del cual nace una persona.

que Camila y sus hijos pasen las vacaciones con ellos; le llama a diario para saber cómo se encuentra, y le dice con frecuencia que si decide divorciarse, él la apoyará. El esposo,
en cambio, "con nada puede, sólo hace sufrir", repite.

—Y si eres tan infeliz, ¿por qué no te divorcias? —le
pregunto.

—Porque me preocupa alejar a mis hijos de su padre
—insiste.

—Algo bueno debe de tener, entonces —respondo.

—Pues sí, es un buen padre —reitera.

Sin duda, Camila sufre del que se me antoja llamar "síndrome de la hija/esposa", fenómeno bastante estudiado en el
contexto de la terapia familiar. En él se llama "hija/o parental" a quien desempeña el rol de cónyuge de su propio padre/
madre, y a la vez de padre/madre de los mismos y, por ende,
de sus hermanos. Cabe aclarar que este rol pueden asumirlo
hijas niñas, adolescentes o adultas y también los hijos varones de cualquier edad.

La hija/esposa, como Camila, jamás podrá ver las virtudes de su pareja, ya que eso significaría traicionar a su
padre/esposo, a quien jamás le será desleal amando y admi-
rando a otro.

Los padres que establecen con su hija una relación
de hija/esposa presentan una variedad de comportamientos que refuerzan esta dinámica: le piden opinión sobre
temas que deberían consultar con su esposa, no con su
hija (como los referentes a la educación de sus hermanos,
asuntos financieros, su forma de vestir, dónde vacacionar,
y muchos otros concernientes a la vida familiar). Geo-
gráficamente, la hija/esposa toma el lugar que su madre

debería ocupar en contextos como el auto, el comedor, la sala de televisión, o al caminar por la calle. La madre de una hija/esposa, por razones obvias, rivaliza con ella; por lo general, la hija se siente superior a la madre y la considera "inadecuada".

Casi todos los cuentos infantiles muestran verdades muy profundas sobre la vida, por medio de la fantasía y las metáforas. El personaje de la madrastra, presente en muchos de ellos, es una representación velada de la figura de la madre, que permite mostrar las rivalidades, los rencores, el rechazo, así como todos los sentimientos ocultos y "vergonzosos" que se presentan entre madre e hija y que está prohibido reconocer y expresar. (En mi libro *Tu hijo, tu espejo*[3] hago un amplio análisis de dichos sentimientos.)

Así pues, es la madrastra quien ordena matar a su hija por ser más bella (*Blanca Nieves y los siete enanos*), la que la odia y humilla por tener el amor del padre (*La Cenicienta*), por nombrar sólo los más conocidos. Para mostrar todo lo mencionado es necesario hacer a un lado a la madre y sustituirla por la madrastra. No es permisible que la madre sienta y haga semejantes cosas, pero la madrastra sí.

La rivalidad entre madre e hija es parte inseparable de la relación entre ambas, aunque se presenta en diferentes grados y por muy diversas razones. En el caso que nos ocupa, se trata de la "usurpación" de su lugar de esposa, por la hija.

---

[3] Martha Alicia Chávez, *Tu hijo, tu espejo*, México, Grijalbo, 2008.

¿CÓMO UNA HIJA SE CONVIERTE EN "ESPOSA" DE SU PADRE?

▶ Por tener una madre inmadura y/o irresponsable que no asume su rol de esposa, sino que deja su lugar vacío.

▶ Por viudez o separación de la pareja, que deja al padre solo.

▶ Por una mala relación de pareja entre los padres, que lleva a que la hija intervenga para conciliar.

▶ Por tener un padre "desvalido", a quien la hija considera como víctima de su esposa y a quien debe defender de ella.

▶ Cuando la hija percibe al padre como vulnerable y necesitado de una esposa y madre.

▶ Por una fijación en la etapa del "enamoramiento" con el padre (de tres a seis años: complejo de Electra).

Sea como sea, mientras la hija/esposa no haga lo correspondiente, *nunca* podrá ser feliz y plena en una relación de pareja. Será necesario que trascienda el amor infantil hacia su padre, el enamoramiento mágico de los tres a los seis años de edad, para que pueda "dejar ir" a papá y conectarse con su hombre en un amor adulto.

"DEJAR IR A PAPÁ"... ¿QUÉ SIGNIFICA ESTO?

La interesante historia *La Bella y la Bestia*, escrita por Gabrielle-Suzanne Barbot de Villeneuve en 1740 —de la cual se han publicado y llevado a la pantalla diversas versiones—, nos muestra de manera fascinante esta dinámica filio-parental que he abordado en este apartado. Si bien es una historia llena de simbolismos que da para muchos niveles y facetas de interpretación, me referiré sólo a la que tiene que ver con el tema que en este momento nos ocupa.

Pues bien... Bella era una hermosa joven que mantenía una estrecha relación con su padre viudo, a quien adoraba. Numerosos pretendientes la asediaban, pero todos le parecían poca cosa y a ninguno le concedía el favor de su amor. [¡Y cómo iba a hacerlo, si ya tenía un "esposo"!] Diversas situaciones tuvieron lugar, las cuales provocaron que el padre de Bella fuera atrapado por un apuesto y acaudalado príncipe que, víctima del hechizo de una malvada bruja, había sido convertido en una espeluznante bestia; el maleficio se rompería sólo hasta que una mujer lo amara.

Para salvar a su padre Bella decidió ocupar su lugar y permanecer en el castillo al lado de la Bestia. Al paso de los días, ésta desarrolla un profundo amor hacia Bella, y aun cuando la joven consiguió establecer una relación cordial con la Bestia, un día le manifestó que extrañaba mucho a su padre y que constantemente pensaba en él. Por su parte, el padre pasaba por toda clase de infortunios ante la separación de su hija, a la cual echaba de menos hasta enfermar por su ausencia. La Bestia, aunque triste y temeroso de que nunca volviera, liberó a Bella para que fuera con él. ¡Esta visita era crucial! Durante la misma, en Bella sucedió un proceso interior que la condujo a decidir, *por su propia elección*, dejar a su padre y volver con la Bestia, a quien

encontró triste y moribundo. Inclinada a su lado, acaricián-
dolo y reconfortándolo, le expresó que lo amaba y que quería quedarse con él. Esto rompió el hechizo y permitió a
la Bestia convertirse de nuevo en un apuesto príncipe. Al
mismo tiempo, el lúgubre castillo volvió a ser hermoso, y
los sirvientes, humanos. Así, Bella tuvo que dejar a papá
y entregarse a la Bestia, para poder ver y tener al príncipe.

¿Qué significa entonces "dejar ir a papá"? Transfor-
mar el amor infantil hacia el padre en un amor adulto. Es
un acto de valor que permitirá a la hija verlo como es: con
sus defectos y virtudes, con sus aciertos y errores, con sus
limitaciones y alcances. Sólo el amor maduro logra esto; el
amor infantil ve únicamente al papá héroe, al todopodero-
so y perfecto con quien ningún hombre puede competir.
Y mientras la hija no lleve a cabo este proceso, sólo verá en
otros hombres a bestias, porque para seguir reafirmando su
amor infantil hacia el padre necesita que todos los demás
hombres sean inferiores a él. Lograr esta transición le ayudará a ver al príncipe, es decir, a respetar, valorar y honrar
al hombre a quien ha elegido como pareja.

A veces el padre, como el del caso que presenté, comete
el gran error de reforzar esta dinámica con su hija, dificul-
tándole dar el paso de salir de casa —hablando de manera literal y metafórica— para formar su propia familia. Por
ejemplo, si la iba a apoyar con el posgrado, debió haber sido
con un préstamo que Camila y el esposo le pagarían con-
forme pudieran. Lo mismo aplica con el dinero de los vue-
los y las vacaciones. Al entregárselo a Camila, le resta valor
al esposo, se entromete donde no debe y asume un papel

que no le corresponde. Así también, en lugar de dedicarse a hablar mal del esposo —que en realidad es un buen hombre— con su hija, debería ayudarla a apreciar sus cualidades y a valorarlo. Lamentablemente, en una relación de padre/esposo e hija/esposa las cosas no funcionan así. Por el contrario, el padre manda a la hija este mensaje implícito: "Si admiras y amas a otro, me traicionas".

Lo recomendable es que el padre permita que Camila viva su realidad con su marido y se adapte a lo que puedan hacer juntos, a lo que él pueda dar y a lo que ella pueda aportar. Lo cierto es que el hombre no la tiene viviendo con sus hijos bajo un puente y muertos de hambre. Sólo si la hija es víctima de abuso financiero, físico, psicológico o de cualquier índole, o si el hombre es un patán, es válido que el padre y la familia de origen intervengan para protegerla y ayudarla a salir de esa relación. En el caso mencionado esto no sucedía. El esposo es un buen hombre, casado con quien no puede verlo así.

Otra Camila, cuyo padre es un eminente médico, me contó una vez que incluso a sus 30 años todavía consideraba que éste es perfecto. Como era de esperarse, esta Camila siempre se relacionaba con bestias. Hablamos de la importancia de trascender ese amor infantil hacia su padre, y ante su petición de que le diera ejemplos al respecto, le respondí:

—Reconoce que en toda tu infancia nunca te proveyó; más bien dejó la responsabilidad total de tu manutención y educación en manos de tu mamá. Reconoce que no se interesó en llamarte con frecuencia para ver cómo estabas o en llevarte a pasear o a visitarlo. Reconoce que olvidaba tus cumpleaños con la excusa de que siempre está muy ocupado. Eso, querida mía, lo pone muy, pero muy lejos de ser el padre perfecto que tú ves.

Llevamos a cabo un proceso terapéutico bello y sanador, durante el cual ella escribió una carta a su papá. Aun cuando en ese momento no deseaba entregársela, pensaba que tal vez en el futuro lo haría. En realidad, el hecho de que se la entregara o no, no era lo importante, sino que Camila expresara en ella un reconocimiento de lo que en verdad era su padre, y aun así siguiera sintiendo amor y admiración por él. Y es que reconocer la sombra de alguien que amamos no significa dejar de hacerlo, sino aceptar sus defectos y sus virtudes, y continuar amándolo de todas maneras… tal cual es.

Con el permiso de Camila, transcribo esta carta.[4]

Papá… para poder seguir creciendo y madurando como mujer, el día de hoy decido ver todas las facetas de tu persona: las que a lo largo de mi vida he admirado y las que no he querido ver, tal vez por miedo a que tu imagen —hasta ahora perfecta— se descomponga. Sin embargo, quiero ser honesta conmigo misma y reconocer lo que hasta hoy he mantenido fuera de mi realidad.

Papá, primero quiero agradecerte porque me diste la vida, y me has entregado y enseñado muchas cosas. Te he admirado siempre por todos tus logros profesionales, y ser tu hija ha sido un honor para mí. Sin embargo, tu ausencia y tu falta de apoyo me han lastimado y han dejado huella en mí. Siempre me sentí inferior a mis compañeras de escuela, porque mi padre nunca iba a los festejos de fin de curso o a ningún otro evento. La

---

[4] Para proteger la privacidad de las personas involucradas y con la autorización de "Camila", realicé algunos ajustes a la carta, omitiendo algunas frases en las cuales se menciona información personal.

falta de apoyo económico de tu parte hizo que tuviera que crecer con una mamá ausente gran parte del tiempo, estresada, preocupada, que trabajaba mucho para sostenernos a mi hermano y a mí. Ella hizo una gran labor al pagar nuestra manutención y educación en buenas escuelas y en una buena universidad. Por tu falta de apoyo económico a veces vivimos condiciones apretadas y no podíamos salir de vacaciones o comprarnos algo. Tu falta de apoyo emocional y tu ausencia física fomentaron la inseguridad en mí, porque nunca sentí la fuerza de un padre que me sostuviera. Tú provocaste las primeras grandes desilusiones de mi vida cuando olvidaste tantos cumpleaños míos y de mi hermano, y cuando no cumpliste muchas de las promesas que nos hacías.

Papá, hoy decido verte tal como eres: feo y hermoso, equivocado y acertado, débil y fuerte, irresponsable y comprometido... y, reconociendo el resentimiento y el dolor que hay en mi corazón, te sigo amando con todo mi ser.

Papá, te agradezco por la vida y por todo lo que me has regalado. La responsabilidad por tu indiferencia, abandono e incumplimiento, la dejo contigo.

Tu hija...

A mi parecer, esta misiva disipa cualquier duda que pudiera haber quedado sobre el significado de trascender el amor infantil por el padre hacia un amor adulto, que permita a la mujer "dejarlo ir" y girar de cuerpo entero para ver a su pareja frente a frente.

Una Camila mayor, madre, abuela y bisabuela, nunca pudo trascender el complejo de Electra al que nos referimos. Eso es triste, porque pasó los ochenta y tantos años de su vida sin poder apreciar la adoración que su esposo le profesaba; por el contrario, día a día decidió enfocarse en sus errores... engrandeciéndolos... y con ello eclipsó todo lo bueno.

Su historia fue marcada por la pérdida de su padre "perfecto", cuando ella tenía 13 años, deceso que la sumió en un inmenso dolor que nunca pudo superar del todo. Sus hijos cuentan que con frecuencia la escucharon hablar de lo maravilloso que él era y de cómo Camila era la niña de sus ojos. Cuando el padre perfecto muere es mucho más difícil hacer esta transición. Por una parte, porque tendemos a idealizar a nuestros muertos, y por otra, porque se vuelve del todo inaceptable reconocer que ese padre perfecto fallecido tenía defectos y errores, y que otro hombre pueda ser tan valioso como él, o incluso más. ¡Eso simplemente no es permisible!

Después de varios años de incontables e infructuosas muestras de su veneración, el esposo se cansó y comenzó a volcarlas en otras mujeres. Eso, por supuesto, le dio a ella buenos motivos para reafirmar que, en efecto, él era malo e inferior a su padre perfecto, lo cual se esforzó en comprobar ante sí misma y ante los demás durante toda su vida.

EFECTOS QUE LA DINÁMICA HIJA/ESPOSA PRODUCE EN EL HOMBRE

Como mencioné, pocas veces las personas son conscientes de que sus palabras, conductas, actitudes y acciones provocan consecuencias en su vida y en sus relaciones, y en la de pareja esas consecuencias se manifiestan en todo su esplendor.

El hombre casado con una mujer esposa de su padre se agota paulatinamente por la lucha —perdida de antemano— que tiene que sostener día con día, por la competencia desleal en la que siempre pierde, por el fracaso que —sin importar lo que haga— está garantizado. Se vuelve indiferente, cínico y lejano porque llega el momento en que ya no le importa ganar o perder. Su cuerpo y su mente se agotan, y sus emociones se aplanan: ni sí ni no, ni amor ni odio, ni frío ni calor. Al final del día… le da lo mismo.

Esta situación, como resulta obvio, incrementa el resentimiento en su mujer y refuerza su convicción de que su esposo no es tan buen hombre como su padre. A su vez, lo que ella piensa fortifica la ya mencionada actitud del esposo, y así se crea un círculo vicioso patológico y doloroso que sólo causa en la pareja sufrimiento y la sensación de "estar atorados" sin poder avanzar hacia lado alguno.

En este caso la ley del orden está trastocada. El padre ocupa en la vida de la hija el lugar que le corresponde al esposo, y la hija ocupa en la vida de su padre el lugar que le corresponde a su esposa. El resultado es que el marido no tiene cabida; no hay un lugar para él, porque su esposa, quien debería dárselo, no se lo da.

Con frecuencia solemos usar frases como: "darle su lugar" o "no me da mi lugar". ¡Qué profundo es su significado! Se refieren, precisamente, a que cada persona, cosa o situación necesita ocupar el lugar que le corresponde en la vida, para que ésta fluya en armonía. Por esas razones, en la relación de pareja y en la vida de una hija/esposa de su padre jamás habrá armonía mientras ella se mantenga en ese rol.

El flujo de la vida y el proceso de evolución personal exigen que nos mantengamos con los pies bien plantados en la tierra, apuntando y moviéndose ambos en la misma dirección. Si uno se dirige hacia la familia de origen y el otro hacia la nuclear, es decir, si uno lucha por ir hacia un lado y el otro hacia el opuesto, terminará por crearse una división interior y un desasosiego que nos impedirá vivir en paz.

La hija/esposa vive así, dividida e inquieta, queriendo irse y queriendo quedarse, con el deseo secreto de poder amar a su hombre y el miedo a traicionar a su padre si lo hace. Hasta que un día, si tiene la valentía de cumplir su deseo, dejará ir a papá, y en ese momento podrá tener satisfacción y sosiego, podrá darle a su hombre su lugar y expresar a plenitud la frase del *Cantar de los Cantares*: "Mi amado es para mí y yo soy para mi amado".

Capítulo 2

La infame soberbia femenina

La soberbia se caracteriza por la certeza de que se es superior a todos los demás, o a algunos en particular, y provoca que la persona soberbia los trate de manera déspota y despectiva. La soberbia puntualiza la propia valía, pero a costa de menospreciar la de otros.

Pocas veces he visto a alguien dirigirse a otro de la manera en que la bella Camila lo hacía hacia su esposo. Cualquier comentario —sin importar el tema— estaba cargado de un intenso desprecio que su mirada y su tono de voz manifestaban de forma categórica... ¡Qué intenso desprecio!...

—¿Por qué estás tan enojada con él? —la cuestioné.

—Por su forma de ser —fue su respuesta.

Y ante mi petición de que explicara a qué se refería con esa "forma de ser", se irguió tanto como pudo, arqueó las cejas, se acercó a su esposo en actitud amenazante y comenzó:

—Es lento, pasivo, aburrido. ¿Ves los colores que trae? [la ropa de él combinaba los tonos beige y verde seco], ¡pues con ese tipo de colores se viste siempre! Y es así de soso y tedioso como los colores que usa. Es un hombre débil en todos los sentidos y no hay nada que a mí me disguste más que la tibieza y la debilidad. Tanto en los negocios que tenemos como en la casa yo soy la que toma la iniciativa, la que manda, la que le dice qué debe hacer, ¡y estoy harta de eso!

Mientras ella hablaba, el marido se hacía chiquito y se hundía en el sillón, aplastado por la vergüenza que le producía el ser ridiculizado frente a mí. Su reacción no verbal era totalmente inconsciente y, sin duda, la adoptaba con frecuencia cada vez que su esposa maravilla se quejaba de él frente a otros.

—¿Y qué tal cumple con lo que tú le ordenas? —pregunté.

—Pues, hasta eso, muy bien. Flojo no es, es trabajador. ¡Pero estoy harta de ser yo la que dirija todo! —respondió.

Es importante aclarar que esta furiosa mujer era sumamente fuerte e impulsiva, con apabullantes cualidades de líder y fascinación por mantener el control. El lado sano de estos rasgos se manifestaba en su capacidad para los negocios, pero la faceta insana estaba caracterizada por una fastidiosa necesidad de controlar todo y una desmedida soberbia que se reafirmaba con cada éxito. Así también su temperamento hiperactivo e impulsivo provocaba reacciones agresivas e impacientes muy desagradables. Todo esto tenía a su esposo y a sus dos niños tan hartos de Camila como ella lo estaba de él.

—¿Quién te dijo que ser impulsiva e hiperactiva como tú es lo correcto y ser pasivo y reflexivo como tu esposo es lo incorrecto? ¿De dónde sacas la idea de que los colores que usa tu marido son aburridos? Evidentemente, otras personas podrían llamarlos neutros, elegantes, combinables, y de un sinfín de formas.

Camila me escuchaba atenta, pero no feliz.

La llevé a imaginar qué sucedería si pudiéramos cambiar a su marido y convertirlo en el hombre proactivo y que toma el control, como ella dice quererlo. O imaginar otro escenario, donde ella es esposa de un hombre con las características que cree desear en un esposo.

Imaginamos diversas escenas de su vida cotidiana, en las que interactuara con este "hombre ideal"...

Con gran sorpresa (y con mucha resistencia), poco a poco descubrió que en realidad necesitaba un hombre como el suyo para así ejercer su necesidad de controlar y su gusto por mandar.

—Tu supuesto "hombre ideal" no te permitiría controlarlo, vivirían en una constante y desgastante lucha de poder, ¡se comerían vivos! Si tu marido fuera como dices que quieres, ¿a quién ibas a mandar? ¿Con quién expresarías tus desplantes de control? ¿De dónde te engancharías para seguir sintiéndote superior? Por todo eso, mi querida Camila... ¡tienes al hombre perfecto! Porque, si eres honesta, verás que eso es lo que quieres.

"Puedes elegir seguir aferrada a tu soberbia, percibiéndolo como el equivocado para tú ser la correcta, o puedes elegir reconocer que ser como él es muy funcional y útil en ciertas situaciones, aunque en otras no. Y lo mismo sucede con tu actitud. Puedes elegir ver que su temperamento tranquilo y paciente te equilibra y le da un respiro a los niños, que a veces se sienten abrumados por tu impaciencia y agresividad. Puedes elegir verlo como un árbol de limones que jamás te dará los mangos que pides, y encontrar todos los beneficios de los limones. Y también, Camila, puedes elegir no querer ver nada de eso, dejarlo y marcharte a buscar a tu hombre perfecto... ¡Y buena suerte con eso! Desde luego, habrá por ahí alguna otra mujer que lo valore.

A veces el hombre actúa de una forma que lo hace acreedor al desprecio y la furia de su esposa, pero en este y en muchos otros casos su único "pecado" es ser diferente de lo que su mujer dice querer.

Con frecuencia la mujer con un tipo de personalidad controladora y determinada escoge como pareja a un hombre que califica como "débil", porque es precisamente con ese estilo de persona con quien puede ejercer dichas conductas. ¡Y luego se pasa la vida quejándose e intentando cambiarlo!

En la relación de pareja todo se vale y todas las dinámicas y combinaciones son adecuadas. Tan sólo hay que ser conscientes de nuestra parte de responsabilidad en que surjan dichas dinámicas y de las ganancias secundarias que obtenemos con ellas. En un caso como el presentado hay que reconocer que la "mujer maravilla" que todo lo puede, todo lo sabe y todo lo resuelve refuerza la pasividad de su ya de por sí pasivo esposo. Si opta por confiar en que él puede y sabe, y se atreve a delegar y dejar de controlar, se encontrará con cambios interesantes… O tal vez no, pero por lo menos se dará cuenta de que, aun cuando las cosas no se hagan a su manera, el mundo no entra en caos y la vida sigue su curso.

Alberto y Camila asistieron a un taller que impartí. Tenían un año de casados y para ambos eran sus segundas nupcias después de matrimonios breves y sin hijos. Ella era una ávida lectora a quien le encantaba aprender, cualidades que él admiraba y a las cuales se sumaba su atractivo físico. Esta apreciación y admiración se ponía de manifiesto en la frecuencia con la que Alberto presumía las virtudes de su esposa. Todo el tiempo la hermoseaba, la tomaba de la mano y le expresaba cuán interesantes le parecían sus opiniones y comentarios. Por su parte, Camila reaccionaba con gusto y fascinación por la complacencia de su esposo y le correspondía con toda clase de halagos y muestras de aprecio. ¡Me encantaba verlos!

El taller terminó y así también nuestra interacción. Pasado un par de años, un día llegaron a consulta conmigo. Camila estaba muy bien arreglada y se veía espectacular. Cuando después del saludo le mencioné esto a su marido, me sorprendió ver que aquel hombre, que poco tiempo atrás la alababa constantemente, se limitó a levantar los hombros y a hacer un extraño gesto facial ante mi comentario. Yo conservaba el recuerdo de aquella pareja, que nada tenía que ver con la que ahora estaba frente a mí. ¡Qué tristeza me da cada vez que presencio el deterioro de una relación donde antes había fascinación y amor!

Pues bien, Camila estaba muy enferma de soberbia. No porque su esposo la halagara, sino porque en algún punto comenzó a sentirse superior a él, ¡a muchos! ¡A la raza humana! Resulta que se integró a un grupo de lectores, todos ellos convencidos de que eran especiales y mejores que los demás, de que el tipo de material que leían estaba reservado para unos cuantos elegidos y que sólo ellos podían comprenderlo. El lenguaje verbal de Camila era rebuscado y se sentía pesado, por el uso constante de palabras poco usadas en el vocabulario común.

Desde hacía algún tiempo criticaba a Alberto con frecuencia porque no leía o porque lo que leía no estaba a la altura de lo que ella consideraba correcto y aceptable. A menudo cancelaba planes con él porque surgía una reunión de lectura con su selecto grupo, o simplemente les daba prioridad a las personas y las actividades relacionadas con éste. Alberto fue quedando excluido de su vida y, por consiguiente, de la convivencia como pareja. Ya no había tal, sólo una mujer superior viviendo con alguien que no le llegaba a los talones y que por puro formalismo llevaba el título de esposo. Puro formalismo, porque en la práctica no le daba ese lugar.

—¡Me aburro con él! —se quejó—, aunque no pierdo la esperanza de que algún día comience a interesarse por las cosas que yo hago. Es que todavía lo amo, pero siento que él se ha quedado estancado, me queda chiquito. Cada vez tengo menos cosas de qué platicar con Alberto. Lo he invitado al grupo y están de acuerdo en aceptarlo, pero no quiere ir, dice que no le interesa, y esto nos está separando.

—Lo que los está separando no es el hecho de que él no quiera integrarse a tu grupo, sino tu convicción de que eso está mal, y de que debería hacer lo que tú consideras apropiado —le dije.

Alberto tan sólo expresó que se sentía como un cero a la izquierda; que lo que antes disfrutaban juntos, como ir al cine o a caminar sin rumbo fijo, ahora era rotundamente rechazado por Camila. Para ella todo lo que a él le gustaba eran tonterías, en tanto que todo lo que a ella le agradaba era de altísimo valor.

Confronté a Camila con el hecho de que no respetaba que Alberto estaba en todo su derecho de elegir si quería leer o no, o ser parte de ese grupo. Le hablé de su soberbia que la llevaba a suponer que ella estaba bien y él mal, así como a creer que ella era especial y mejor que el resto de los mortales. Camila sentía gran respeto y confianza hacia mí y únicamente por eso me permitió hacerle ver cómo sus conductas y actitud de superioridad estaban deteriorando su antes profunda conexión con su esposo. Alberto, triste y desesperanzado, sabía que la única forma de caer en la gracia de su mujer sería volverse quien ella deseaba y hacer lo que ella esperaba, sin importar si a él le gustaba o no, si le interesaba o no.

Mis experiencias personales y profesionales me han llevado a la convicción de que una de las actitudes más difíciles para las personas es la de respetar las diferencias. Reconocer que cada uno tiene derecho a ser quien es, que el mundo y la gente no tienen por qué ser como uno quiere, y que los propios parámetros no son los correctos, sólo son los propios.

Retomemos la analogía de los árboles: podemos desear que un naranjo nos dé aguacates; podemos suplicarle, intentar convencerlo con palabras dulces, a gritos, a patadas, pero nunca lograremos que lo haga. ¡Es un árbol de naranjas! Lo que sí está a nuestro alcance es aprender a disfrutar y a apreciar los beneficios de las naranjas y todo lo que con ellas se puede hacer. Asimismo, siempre seremos libres para elegir retirarnos de ahí en busca de nuestro árbol de aguacate. Y tenemos derecho a ello. A lo que no tenemos derecho es a pretender convertir el naranjo en aguacatero.

Si quieres cambiar a una persona, cambia tu percepción de esa persona.

La infame soberbia femenina de la que hablo se manifiesta en una gran variedad de facetas. Una muy común es la que se suscita en relación con los hijos. Es impresionante la cantidad de mujeres que encuentro en todos los contextos de mi labor profesional que consideran que ellas sí saben cómo educar a sus hijos, y su esposo no. Que se entrometen constantemente en la relación entre ambos para corregir, reprender y sermonear al hombre respecto a cómo debe actuar o qué debe decir.

Invariablemente, en mis conferencias y talleres me encuentro con esta situación. En el espacio de preguntas, alguna mujer comenta, tal vez con diferentes palabras, pero con este mensaje: "Mi esposo hace o no hace tal cosa con mis hijos, ¿cómo le hago entender que debe hacerlo de tal forma, que como lo hace está mal?" La primera respuesta que de forma automática viene a mi mente es: "¿Por qué las mujeres creemos que en los asuntos con los hijos nosotras lo hacemos bien y el padre lo hace mal?" Con esta actitud, mis queridas congéneres, ¡nos perdemos de mucho! Porque al cerrar la puerta y los oídos, al darle un codazo al padre para sacarlo de la jugada, desaprovechamos el gran valor que pueden tener los comentarios y la visión del hombre, quien, desde su perspectiva, conductas y enfoque masculinos, puede ver lo que nosotras no vemos, hacer lo que nosotras no hacemos, o, sencillamente, hacerlo de forma diferente y así incidir en la vida y las problemáticas de los hijos de maneras efectivas.

Aunque consideres que lo hace "mal", ¡déjalo hacerlo!... a su manera. La influencia positiva que la energía masculina del padre ejerce sobre la vida de los hijos de cualquier edad es insustituible. Sólo si el padre es un alcohólico o drogadicto que pone en riesgo la vida o el bienestar de sus hijos, o si es un abusador, un psicópata, un esquizofrénico no tratado, etc., tendremos que ponernos en medio para defender a nuestros niños. Si no hay tal, ¡déjalo ser padre a su manera!... porque su manera está bien.

¿QUÉ HAY DETRÁS DE LA INFAME SOBERBIA FEMENINA?

Esta condición es generada por algunos factores individuales, es decir, relativos a la persona en particular, y colectivos, concernientes al género femenino en general.

La herida

Detrás de cada conducta disfuncional yace una herida que se infligió desde la más tierna infancia. En la mayoría de los casos esta herida, aun con el paso del tiempo, permanece abierta, inflamada, purulenta, y, como toda herida en estas condiciones, causa dolor… ¡mucho! Por puro instinto de supervivencia, los seres humanos creamos múltiples estrategias, falsas y fallidas, con el fin de evitarlo; falsas porque no son realistas, fallidas porque no funcionan. Aun así, insistimos, nos aferramos, repetimos, transitamos por el mismo camino que nos lleva siempre al mismo lugar… hasta que elegimos hacerlo diferente.

En el contexto de la infame soberbia femenina, la herida se manifiesta de esta manera: detrás de la actitud de superioridad característica de la soberbia, en realidad existe un profundo sentimiento de inferioridad que se intenta compensar con su opuesto. La historia de las mujeres de los casos presentados en esta sección está cargada de vivencias que facilitaron la aparición de dicho complejo de inferioridad.

Así pues, en el caso de la primera Camila, la líder y negociante, su infancia, adolescencia y juventud transcurrieron al lado de un padre sumamente severo y exigente, que demandaba perfección. Ella recuerda cómo cuando le mostraba sus excelentes notas escolares, el padre reaccionaba con un: "Seguro copiaste en los exámenes" o "Eso está bien, pero tu recámara la tienes muy desordenada", y una serie de comentarios descalificadores como éstos. Ella no guarda un solo recuerdo de una felicitación o un reconocimiento por sus logros.

Estas hirientes observaciones, que formaban parte de su vida cotidiana, se sumaban a constantes críticas sobre su cabello crespo, su acné, sus manos grandes y otros atributos de la joven. Su padre se las arreglaba para encontrar algo por lo cual criticarla y minimizar sus logros. En algún momento de su adolescencia Camila descubrió su inteligencia y sus habilidades para crear y realizar proyectos, y se aferró a estas características para contrarrestar la sensación de inferioridad e inadecuación que la invadía. De esta forma intentaba inconscientemente compensar su complejo de inferioridad con uno de superioridad, que para el caso son lo mismo. Los extremos se tocan, los extremos son la misma cosa.

Otro tipo de herida infantil que facilita la aparición de la infame soberbia femenina es haber tenido una hermana "perfecta" a los ojos del padre, de la madre o de ambos, ante la cual siempre había que competir por su atención, reconocimiento y favoritismo; una competencia que siempre se perdía. Cuando se vive con una hermana perfecta es imposible opacar su perfección. A la no preferida no se le concederá la gracia de ser mejor, o por lo menos igual, en algo. Esto termina por generar en la hermana no favorecida una enorme necesidad de demostrar, ostentar, probar y convencerse a sí misma y al mundo de lo que vale, de lo que sabe, de lo que puede, con lo que se desarrolla la actitud de prepotencia y superioridad, característica de la soberbia. Así fue la historia de Camila la lectora.

En cuanto a los factores colectivos —los referentes al género— que están detrás de la infame soberbia femenina, yo tengo una opinión muy personal que, si bien no tiene comprobación científica que la sustente, me parece que tiene mucho sentido. La presentaré en el siguiente capítulo ("Las máscaras de la violencia"), ya que los aspectos que trato en ambos capítulos están inevitablemente conectados.

LA REACCIÓN DEL HOMBRE ANTE LA INFAME SOBERBIA FEMENINA

El hombre atrapado en esta dinámica de relación se cansa de ser inferior a su inalcanzable mujer. Así, llega el momento en que, en un intento inconsciente de bajar los humos de su mujer "perfecta", en lugar de halagar descalifica, en lugar de valorar minimiza, en vez de apoyar sabotea. Se vuelve hipercrítico y descalificador, quejumbroso e insatisfecho…. Difícil de complacer.

Está decidido a captar con lupa los defectos de ella y a cegarse a sus virtudes, a poner énfasis en sus errores, en una infructuosa cruzada para demostrarle que no es "la gran cosa", como ella cree. La agresión, pasiva y/o explícita, es el sello de sus interacciones con ella. Todo esto, por supuesto, empeora las cosas y acrecienta el abismo entre ambos. Un abismo que comenzó a formarse porque ella subió su autoimagen a un sitio muy alto, y se hizo más profundo por los intentos de él para bajarla de ahí a como diera lugar.

Cuando herimos la masculinidad de nuestro hombre lo convertimos en enemigo, en una bestia odiosa y lastimada deseosa de revancha. Y la actitud femenina descrita en este capítulo es una de las formas infalibles para llegar a ese destino.

Capítulo 3

Las máscaras de la violencia

Las conductas de las que hablaré en este capítulo, así como las mencionadas en el anterior (relacionadas con la infame soberbia femenina), son dos caras de una misma moneda. Suelen presentarse juntas y cada una conlleva matices de la otra. Si las expongo de manera separada es sólo para explicar con mayor detalle sus características y aspectos singulares. Veamos…

La violencia del hombre hacia la mujer se presenta en todo el mundo. Muy diversas instituciones y organizaciones se dedican a atender esta problemática y a proteger a la mujer abusada. Mucho se habla de ello, e incluso la ONU estableció el Día Internacional de la Eliminación de la Violencia contra la Mujer. Según este organismo, 70% de las mujeres en el mundo han sido víctimas de violencia. En México 63% la han sufrido y se presume que estas cifras son mayores, ya que no se reportan todos los casos.

Mucho se habla de la violencia hacia la mujer, pero no se presta la misma importancia a la violencia de la mujer hacia el hombre. ¡Y sí que la hay! Aun cuando esta situación es una realidad, no hay organismos específicamente dedicados a atender a los hombres víctimas de abuso por parte de sus mujeres.

Si bien hay discrepancia en cuanto a los porcentajes de ocurrencia de dicho fenómeno, algunos estudios sugieren que su tasa es equivalente a la de la violencia del hombre hacia la mujer. Sin embargo, los datos distan de ser exactos, y claramente generan mucha controversia. Es muy difícil obtener cifras precisas porque los hombres no reportan los incidentes por vergüenza; puesto que se considera que el sexo masculino es el más fuerte, aparentemente quedaría en ridículo un hombre que reconociera que su mujer lo agrede. Por consiguiente, para evitar burlas, sobrenombres y mofas hirientes, no habla de eso con autoridades, ni con su círculo familiar o social. Por su parte, las propias autoridades por lo general no toman en serio las declaraciones de un hombre que reporta una situación de violencia por parte de su mujer. Sólo cuando las cosas han llegado a un punto intolerable es posible que el agredido hable del problema y busque ayuda de familiares, amigos, profesionales o autoridades.

Es un error suponer que únicamente la agresión física es violencia; ésta presenta mil máscaras y sucede en diversos grados. Otro error es suponer que sólo sucede en niveles socioeconómicos bajos; en realidad abarca todos.

La violencia que el hombre ejerce hacia la mujer es, en términos generales, obvia y notoria; en cambio, la de la mujer hacia el hombre —aunque también se da en el aspecto físico— suele ser más sutil, enmascarada, y aun elegante. En ocasiones no parece violencia, sino simples observaciones "inocentes" o actitudes y conductas "bien intencionadas".

He conocido a muchos hombres que en verdad sufren abuso de sus mujeres, con lo que su autoestima se destruye, su hombría se lastima y se sienten nulificados.

LAS MÁSCARAS DE LA VIOLENCIA DE LA MUJER HACIA EL HOMBRE

Las siguientes son las formas más comunes de violencia femenina hacia la pareja:

- ▶ Ridiculizarlo en público, burlarse, exponerlo, humillarlo
- ▶ Ensuciar su imagen ante sus hijos hablándoles mal de él para lograr que, en vez de amarlo y respetarlo, lo desprecien o —mejor aún— lo odien
- ▶ Minimizar todo lo que hace, lo que aporta a la familia, no reconocerle lo bueno, menospreciar todo lo que él da
- ▶ Descalificarlo, haciéndole constantemente comentarios como: "Eres un bueno para nada", "Ni siquiera esto puedes hacer bien", "Poco hombre", entre otros
- ▶ Proferirle agresiones verbales humillantes y despectivas, insultos
- ▶ Hacerlo mendigar por sexo, ya que éste se le niega constantemente
- ▶ Quitarle sus derechos (como padre y esposo)
- ▶ Exigirle cruelmente el cumplimiento de obligaciones, más allá de lo que puede tolerar

▶ En una situación de divorcio o separación, castigarlo y torturarlo impidiéndole tener contacto con sus hijos sin una razón válida

▶ Ejercer demasiada presión, control y vigilancia sobre él

▶ Tratarlo con silencios e indiferencia

▶ En general, victimizarlo a diario con insultos, desprecio y/o agresión física

Camila era alta y de facciones toscas como sus modales. Alberto, sencillamente... ¡estaba agotado!... Cuando me hablaba del trato que su esposa le daba hacía grandes esfuerzos por respirar, como si una pesada losa atorada en su pecho lo forzara a jalar el aire para obligarlo a entrar. De ahí el agotamiento, porque toda su energía vital se desgastaba en el simple hecho de respirar. Esta condición era el resultado de 10 años de convivir con Camila y su soberbia... Camila y su violencia.

Con actitud prepotente, la susodicha me habló con detalle de los múltiples defectos de su esposo. Expelía una energía tan pesada, que el aire se volvía denso a su alrededor. Imaginé lo que sería vivir con ella durante 10 años, respirando constantemente el fétido humor de su desprecio y su arrogancia.

Era larga su lista de acusaciones, quejas y críticas respecto a Alberto. Una a una las resaltaba y llevaba el recuento con sus dedos. En un momento dado la interrumpí porque tenía que poner un límite a su redundante discurso; la lista se repetía una y otra vez como para hacerla sonar más grave, y el tiempo transcurría en este sinsentido. Le reconocí su gran capacidad de organizar sus pensamientos —¡y sí que la tenía!—, que se reflejaba en la claridad y el orden en su mapa mental y en su forma de expresar la lista. Luego le pedí que usara esas mismas cualidades para crear una lista de las cosas buenas que veía en su esposo. Se quedó callada. Tras lo que me pareció un par de minutos, respondió con una risa burlona (como si se tratara de una gracia): "¡Es que nada se me ocurre!"

Cuando *nada* bueno vemos en nuestra pareja, cuando somos incapaces de encontrarle una virtud, o cuando el orgullo nos impide verbalizarla, estamos perdidos. En mi quehacer profesional, infinidad de veces me he encontrado con actitudes como éstas en todo tipo de personas y sus relaciones. Cuando alguien sólo habla de los defectos de su pareja le pido que mencione luego algunas virtudes, porque el que las vea o no, el que las quiera reconocer o no, el que las verbalice o no, es un indicador del grado y la profundidad del conflicto, del grado de resistencia a resolverlo y del "pronóstico" de la terapia para esa pareja.

Con eso en mente, insistí en mi petición; ante ello, esta arrogante Camila, amordazada y paralizada por su soberbia, apretando los dientes como para no dejar salir las palabras y con un tono de voz casi inaudible, expresó:

—Pues... un día cocinó algo rico.

—Ése no es un rasgo de personalidad o una cualidad; es un acto, una conducta —respondí.

Seguí/seguimos esperando... La poderosa soberbia de Camila y su infranqueable orgullo ganaron su batalla interior, impidiéndole reconocer algo bueno en su esposo.

—Pues no se me ocurre nada —repitió con tremenda altanería.

Camila es una de las personas más soberbias, soeces y déspotas que he conocido, actitud que se manifestaba en toda clase de agresiones hacia su esposo, las cuales saturaban el día a día de esta pareja. Las ofensas y humillaciones que le propinaba frente a sus hijos, ante los amigos o a solas, eran corrosivas como el ácido y destructivas como todo aquello que, por brutal, no puede describirse ni repetirse.

Ese esquema que Camila presentaba lo he visto un sin-número de veces: la misma actitud, el mismo odio, la misma violencia y, en el fondo, el mismo dolor. Y cada una de las mujeres de este tipo sufre enormidades por ser así.

En una sesión posterior con Camila a solas, con gran dolor lloró al hablarme de cuán cansada estaba de ser así y de las múltiples heridas que cargaba, causadas por un padre violento y una madre indiferente; heridas no sanadas que demandaban venganza a como diera lugar. Sin embargo, no caía en la cuenta de que las cobraba al deudor equivo-cado, y en el proceso se castigaba a sí misma.

En lo personal, tengo una especial habilidad para "oler" cuándo algo está a punto de acabar. A esta Camila, como lo he hecho con muchas otras en su caso, le dije:

—Si te interesa tu esposo, tienes que hacer cambios profundos, ¡YA!, porque estás a un paso de perderlo.

Al escuchar esto mostró preocupación, pero dos segun-dos más tarde su parte enferma tomó el control y su preocu-pación cambió a una actitud de: "Me importa un comino". Así como Camila, mucha gente se aferra a su odio para no tener que enfrentar el lacerante dolor que está detrás.

Me frustra ver cómo tantas personas prefieren seguir inmersas en una vida de insatisfacción y sufrimiento, por no tener la determinación y la valentía para "entrarle" a la solu-ción, porque saben que este proceso puede resultar des-agradable e incómodo. ¡Como si la vida que llevan no fuera ya tan desagradable e incómoda! Es mejor incomodarnos al entrar en el proceso de solución de un problema que sufrir permanentemente, justo porque no lo resolvemos.

La decisión de esta Camila fue seguir como estaba. No quiso involucrarse en un proceso terapéutico para sanar su infancia ni su situación de pareja. Una decisión muy respetable.

Unos seis meses después el esposo fue a consulta solo. Estaba viviendo fuera de casa porque hasta ahí pudo aguantar. Camila, como era de esperar, le hacía la vida difícil y obstaculizaba el proceso de divorcio, torturándolo —como tantas mujeres hacen— con amenazas de que no le permitiría ver a sus hijos. En efecto, éste es el método de tortura favorito de muchas mujeres.

En la actualidad se cuenta con leyes sólidas que protegen contra la "alienación parental", término utilizado para describir el tipo de situaciones en las cuales un miembro de la pareja impide al otro estar en contacto con los hijos sin razones válidas. No sólo eso, ese cónyuge les "lava el cerebro", convenciéndolos de que su padre o madre es malo y perverso e incluso alcanza niveles tan dramáticos que los convence de que él o ella quiere matarlos o los ha violado o hecho mucho daño, cuando no es verdad.

En mi libro *Mamá, te quiero; papá, te quiero. Consejos para padres divorciados* hablo sobre este tema y expongo con amplitud las consecuencias que este grave error tendrá en la vida de los hijos.[1] Cuando una mujer o un hombre sufren "alienación parental", deben buscar ayuda legal y con seguridad encontrarán el gran apoyo que hoy se ofrece para impedir esta absolutamente inadmisible situación.

Regresando con Camila y Alberto, trabajé con él durante cerca de un mes, al final del cual la actitud de ella cambió por completo; de una bruja grosera y vengativa se transformó en una víctima llorosa y suplicante que ofrecía cambiar

---

[1] Martha Alicia Chávez, *Mamá, te quiero; papá, te quiero. Consejos para padres divorciados*, México, Grijalbo, 2013, pp. 129-133.

y pedía otra oportunidad. Por su parte, a Alberto, quien había llegado a su límite, no le quedaba un ápice de voluntad para luchar por una relación que recordaba agobiante y llena de amargura. Y, en efecto, no volvió.

LA REACCIÓN DE LOS HOMBRES ANTE LA VIOLENCIA DE SU MUJER

No hay duda de que el hombre que forma pareja con una mujer violenta, agresiva y grosera tiene razones individuales (patológicas, por supuesto) por las que tolera este trato y mantiene esa unión. De hecho, éste es el caso de cualquier persona adulta que soporte relaciones de este tipo.

Sin embargo, en lo que toca a la reacción de los hombres ante la violencia de su mujer, tengo una opinión muy definida, que proviene de un sinnúmero de casos que he atendido a lo largo de los años, en los que he visto repetirse una y otra vez el patrón que a continuación describo.

Al principio el hombre aguanta, intenta la conciliación, lucha por mantener la relación viva y a su mujer contenta (como si eso fuera posible). Al paso del tiempo se cansa, se agota, se desmotiva. Y un día… ¡de la noche a la mañana!, decide que ya tuvo suficiente. Entonces se va sin retorno. Aun el hombre que tolera y soporta tiene un límite; algún día toca fondo, y cuando eso sucede… ¡se acabó!

La mujer, al ver que lo perdió, llora, promete, pide una nueva oportunidad, porque tal vez en ocasiones anteriores se haya presentado esta situación y el hombre volvió. Pero si las cosas no cambiaron, llega el momento en que su despedida es definitiva... es ¡para siempre!... ¡sin marcha atrás!... ¡se acabó!

Siento coraje al ver a mujeres que dejaron ir a un hombre bueno por groseras y soberbias, para después llorar por su ausencia. Por eso, cuando "veo", "huelo" y "siento" que ese momento está cerca, le advierto a la involucrada. Por eso le hago ver que está a un pasito de perderlo, a milímetros del final y, si le interesa conservarlo, *tiene* que hacer cambios enormes ¡YA!, mientras a él todavía le quede tantita disposición y voluntad. Hacer esos cambios significa, por ejemplo, buscar ayuda profesional para sanar la infancia que la llevó a donde está o recibir una terapia de pareja. Se trata, sencillamente, de buscar, por el medio que prefiera, sanar las heridas que crearon y nutren su soberbia y su agresividad, para así ser capaz de realizar cambios saludables. Lamentablemente pocas lo hacen.

No es que el hombre sea una víctima inocente y la esposa tenga cien por ciento de responsabilidad en casos como éstos. Quizá en un principio la mayor responsabilidad del hombre sea tolerar ese maltrato. Más adelante sin duda presentará también una variedad de formas de agresión pasiva o explícita, buscando una compensación: "Me la debes, te la cobro".

Es preciso tomar en cuenta que la violencia (del hombre hacia la mujer y viceversa) es progresiva. Al paso de los años no sólo no mejora, sino que empeora, a menos que se reciba ayuda profesional o apoyo de algún tipo.

También es preciso saber que muchos hombres nunca se van. Nulificados como están, parecen no tener la fuerza interior requerida para terminar esa relación de abuso, o bien siguen en ella por dependencia económica o emocional, o por pereza y resistencia al cambio. Para ellos es mejor lo malo por conocido que lo bueno por conocer.

¿QUÉ HAY DETRÁS DE LA VIOLENCIA DE LA MUJER HACIA EL HOMBRE?

Tal como lo planteé en el capítulo anterior, también en este caso existen algunos factores referentes a la vida personal de la mujer abusadora y otros relativos al género femenino que causan que ella ejerza violencia hacia su pareja.

La herida

Detrás de la agresividad y la arrogancia que la mujer muestra se oculta el profundo e insoportable dolor causado por una infancia llena de desamor y maltrato. Si bien no lo parece, esa actitud es la coraza que protege a un corazón roto, es un grito de ayuda, una súplica de amor, aunque es precisamente esa misma actitud la que lo aleja.

Las mujeres que ejercen violencia por lo general fueron niñas maltratadas y vivieron en un hogar donde la violencia, en sus diversas manifestaciones, era parte del día a día. Dicho maltrato dejó una huella de odio (muy probablemente más intensa hacia los padres) que proyectan en la persona del esposo.

Cuando en la infancia se ha sido víctima de violencia, en el corazón se desarrolla una inmensa rabia, producto del dolor, la frustración y la impotencia gestados en cada episodio de abuso. Como la criatura no puede volcar esa rabia hacia el padre o la madre abusador(a) porque ello le acarrearía mayores problemas, la volcará con quien sea posible. Aun después de llegar a la edad adulta —a menos que se haya hecho algo para sanarlo—, en su interior seguirá viva esa criatura enojada y dolida que asume el control de sus relaciones y sus actos.

La agresión y la violencia son, en realidad, las máscaras que disfrazan el miedo y el dolor. Estas conductas la harán sentir fuerte y grande, mientras que entrar en contacto con los verdaderos sentimientos que se esconden tras ellas la hacen sentir débil, pequeña y vulnerable.

Esa infancia vivida generó baja autoestima, depresión, ansiedad, bajo control de impulsos y dificultad para establecer vínculos afectivos, porque ellas mismas no los tuvieron.

Asimismo, y contrario a lo que podría suponerse, la sobreprotección de los padres también provoca que una hija se vuelva déspota y grosera. Consentida y acostumbrada a que todo se haga a su gusto y medida, demandante y agresiva, mimada por unos padres que todo le toleran, se volverá una de esas mujeres que se sienten con derecho a agredir, criticar, despreciar, y están convencidas de que el mundo entero, y en especial su marido, están aquí para complacerla, aguantarla y servirla. ¡Dios te libre de hacer pareja con una mujer (o un hombre) consentidos de papá y mamá, y, por tanto, echados a perder!

De igual importancia es analizar una posible causa de agresión de la mujer hacia el hombre, que rara vez se identifica y resulta por demás interesante. Se trata de una "alianza" inconsciente de esa mujer con sus antecesoras. El siguiente caso es un ejemplo.

Camila era una muy atractiva mujer de 38 años con un historial de relaciones fallidas. Tenía habilidad natural para conquistar al hombre que se le antojara y conseguir que cayera a sus pies embelesado por sus encantos. Una vez que el hombre sentía tal fascinación por ella, comenzaba a "hacerlo sufrir" de una y mil maneras, hasta que se cansaba de él y lo desechaba. Ella reconocía esta pauta de conducta, pero simplemente no podía dejarla de lado. De pronto… la vida le jugó un revés. En un momento dado conoció a un hombre de quien se enamoró profundamente y quien, pese a que la adoraba, no estuvo dispuesto a ser tratado de la forma como ella lo hacía con sus parejas. Por tanto, él decidió terminar la relación, lo cual partió el corazón de Camila y la sumió en una intensa angustia y una profunda tristeza.

Su estado emocional la llevó a buscar apoyo profesional. El primer día que la recibí en consulta estaba hecha un desastre. Con gran desesperación e impotencia, lloró cada segundo de la sesión, sabiendo que había arruinado una relación que valía mucho la pena y alejado a un hombre con quien realmente deseaba forjar un proyecto de vida.

En un intento de encontrar los motivos que la llevaron a desarrollar esa actitud hacia los hombres, quienes —según reconocía— también la dañaban y la tenían exhausta, exploramos su historia. Lo que encontramos fue realmente interesante.

Resulta que creció en el seno de una relación entre sus padres que era exactamente igual a la que ella repetía ahora con los hombres. Su padre amaba y valoraba a su mamá, mientras que ésta lo único que hacía era descalificarlo, despreciarlo y humillarlo. Pero eso es sólo una pequeña parte de lo que descubrimos más adelante.

Sus antecesoras mujeres sufrieron abusos. Su tatarabuela, que es el eslabón más antiguo de la cadena generacional que Camila conoce, fue maltratada por el padre de su única hija (la bisabuela de Camila), en condiciones de crueldad inimaginables. En el momento en que el hombre gastó el último centavo de la jugosa herencia de su mujer, la abandonó sin conmiseración. La bisabuela de Camila procreó cuatro hijos con un hombre rico que a diario la golpeaba junto con sus niños, desde que éstos eran bebés hasta el día en que su alcoholismo se lo llevó de la faz de la Tierra. La abuela de Camila, un día después de dar a luz a su única hija (la madre de Camila), fue abandonada por su esposo, quien la dejó enferma y en condiciones de pobreza extrema.

Así pues, todas estas antecesoras mujeres sufrieron horrendo maltrato, despojo y abandono de parte de sus hombres. La mamá de Camila, por esas cosas raras de la vida, se casó con un hombre bueno que la ama y permanece a su lado, pero ¿cómo ella se va a dar permiso de tener una pareja que la trate bien, si sus antecesoras sufrieron tanto con las suyas? Por tanto, inconscientemente se pasa la vida alejando el amor que su esposo quiere brindarle. Además, al humillarlo y despreciarlo intenta reivindicar a sus sufridas antecesoras y vengarlas al mostrar desprecio hacia su esposo. De manera inconsciente —como suele suceder en estos casos— la madre convirtió a Camila, desde su niñez, en su aliada en este rol de "vengadora". De tal forma, ésta, con todos los atributos con los que fue bendecida, podría cumplir perfectamente con ese rol, atrayendo a hombres y logrando que la amaran, para luego hacerlos sufrir y así resarcir a sus antecesoras por todos los abusos de sus hombres. Los castiga en nombre de todas.

¿Cuándo una mujer con semejante encomienda puede lograr una relación de pareja en la que se permita amar y ser amada? ¡Nunca! Hasta que haga algo al respecto. Con Camila trabajamos en honrar el destino de cada una de sus antecesoras, devolverles esa carga de dolor, odio y resentimiento hacia sus hombres con la que se había aliado y la cual había llevado a cuestas por ellas durante casi toda su vida. Realizar un hermoso trabajo como éste, que proviene del amor, permite a los descendientes ser libres para vivir su propia vida, y representa la mejor manera de sanar una cadena generacional, reivindicar a los antecesores y poner orden en esa familia, cuya alma implora ser liberada de deudas y castigos.

Por cierto, después de unos tres meses la pareja de Camila regresó a su lado, deseoso de dar a la relación con la mujer que amaba una segunda oportunidad. Encontró a una Camila con un buen trecho de trabajo personal recorrido y plena de disposición y recursos internos para emprender los cambios que mantengan esa relación sana y feliz. Tomaron algunas sesiones de terapia de pareja con el fin de limar algunas asperezas y entrar de lleno en su relación, la cual hasta la fecha siguen disfrutando.

Cabe mencionar que en muchas ocasiones hay factores orgánicos de orden neurológico que propician la agresividad y la pérdida de control de la agresora. Sea cual fuere el origen, llegamos a la misma conclusión: es necesario poner manos a la obra y buscar ayuda, reconociendo que se tiene un problema cuya solución escapa a las posibilidades personales.

En lo relativo a las mujeres como género —lo mencioné en el capítulo anterior—, tengo un punto de vista muy personal y con mucho sentido para mí. Aun cuando no haya bases científicas que lo comprueben, me lo confirma el trato profundo que en mis 29 años de carrera profesional he tenido con miles de mujeres.

Para explicarlo presentaré los siguientes antecedentes.

Según diversas teorías antropológicas, como las propuestas por Marvin Harris, Martin Gusinde, Jacques Pirenne y Hayes, entre otros antropólogos y teóricos del evolucionismo, las primeras sociedades humanas eran matriarcales. Las mujeres gobernaban y tomaban decisiones en los ámbitos religioso, político, familiar, social y económico, así como en aspectos de educación, salud, nutrición y crianza. En esta sociedad matriarcal las cualidades femeninas (como la intuición, la expresión de las emociones y la sensibilidad) se consideraban de suma importancia y prácticamente eran los conductos utilizados para realizar su tarea de gobernar.

El papel del hombre se limitaba a la procreación, la agricultura y los trabajos más bien de orden físico.

Se veneraba a la Diosa Madre, que no era precisamente una mujer, sino la amorosa fuerza creadora, sanadora, sustentadora de cada individuo en particular y de la sociedad en general.

En un momento dado de la historia ciertos hechos propiciaron la restructuración de estas sociedades y las mujeres fueron relegadas a un plano inferior. Con ello, la estructura social se convirtió en un patriarcado, es decir, comenzó a ser gobernada por los hombres. Así las cosas, ciertas características masculinas (como la fuerza bélica, la ambición de poder y la fuerza física) cobraron preponderancia. Incluso se decidió que Dios, el principal, es hombre.

A partir de entonces, y durante siglos, las mujeres fuimos relegadas a un sitio inferior. Centurias transcurrieron colmadas de discriminación y sometimiento, durante las cuales se nos prohibió opinar, votar, realizar nuestros sueños, tener acceso a la educación y hasta mostrar nuestros talentos y creaciones, a tal punto que nuestras antecesoras se veían obligadas a usar seudónimos masculinos para que sus poemas, obras de arte, libros y otras creaciones pudieran ver la luz. Con sólo imaginar que tuviera que utilizar un nombre masculino para poder publicar mis libros se me hace un nudo de indignación en las entrañas. Pues eso y mucho más vivieron millones de mis congéneres durante un enorme tramo de la historia.

Para poder mantenernos en ese nivel ínfimo, mediante el trato discriminatorio se nos convenció de que somos inferiores, no valemos, no sabemos y no podemos, y se enterró en lo profundo de la conciencia el impresionante poder de la naturaleza femenina. Muchas todavía no rescatan ese recuerdo; todavía creen que en realidad son inferiores sólo por ser mujeres.

Se impuso a las mujeres toda clase de restricciones e injusticias, pero a lo largo de la historia siempre hubo pronunciamientos femeninos que pugnaron por rescatar nuestros derechos. Acaso el más conocido de ellos, por su carácter contemporáneo e intenso, fue el movimiento de liberación femenina, iniciado a principios de la década de 1970, con la viva intención de restituir a la mujer su valor y sus derechos en todos los ámbitos de la vida personal y social. Si bien dicho movimiento tuvo sus bemoles y sus aristas, también ha sido de gran valor en el desarrollo social. A las mujeres jóvenes, que aún no nacían en ese decenio, o que eran muy pequeñas para haberse enterado, les recomiendo buscar información sobre este movimiento, sus manifestaciones y todo lo que significó en la creación de los derechos de los que ahora gozamos, así como de la sociedad en la que ahora vivimos.

En realidad el movimiento de liberación femenina ha existido desde el principio de la historia y continúa hasta hoy. Si somos honestos, aún persisten la discriminación y la desigualdad, y muchos grupos luchan sin cesar por su eliminación y por la igualdad de género.

En fin... es incuestionable que esta batalla constante por abolir la discriminación hacia el sexo mal llamado "débil" ha dejado su huella en el inconsciente colectivo femenino: rabia, indignación y resentimiento. Qué iluso sería pretender que estos sentimientos arrastrados durante siglos desaparecieron nomás porque "nos dieron permiso" de votar. Qué ingenuo sería creer que ya se disolvieron con el paso del tiempo o que están por ahí encerrados a piedra y lodo, sin que nadie se entere siquiera de su existencia. ¿A dónde pensamos que se fueron? ¿Qué suponemos que pasó con ellos? ¿Preferimos ignorar que existieron y que todavía existen? ¿O quizá pretendemos confiar en que todo aquello es historia y ya pasó? ¿Suponemos que algunas verdades de la vida tienen consecuencias y otras no, y que ésta es una de ésas?... ¡Gran error!

Esos sentimientos siguen latentes, no se han ido, no han pasado. Se manifiestan en unas mujeres más que en otras y quizá se han despertado con más intensidad y se muestran en plenitud en quienes vivieron o viven con hombres abusivos y hostiles.

Los comentarios burlones de las mujeres sobre los hombres, el expresar que es muy difícil encontrar uno que valga la pena, el sentimiento de ser mejor que ellos o que ninguno llega a nuestra altura, el uso de cualquier forma de maltrato hacia ellos, muy probablemente sean manifestaciones de ese resentimiento acarreado durante siglos por millones de nuestras congéneres y que permanece todavía en el inconsciente colectivo femenino.

Es necesario dejar ir ese resentimiento, perdonar, reconciliarnos, para poder respetar y honrar a nuestros hombres: hijos, padres, hermanos, pareja, amigos, compañeros. ¿Para qué? Para vivir en paz. Para restablecer la armonía dentro y fuera de una misma. Porque si desprecio la parte masculina fuera de mí, así despreciaré la parte masculina en mi interior, lo que me impedirá tener éxito en la vida, y alegría y armonía en el corazón. ¿Cómo lograrlo? Sencillo, *elijamos* ver sus cualidades, sus talentos, verbalizarlos, reconocérselos. Convertirnos en sus compañeras alegres y nutridoras, en vez de ser sus policías controladoras y amargadas. Apreciar su mente y sus características masculinas que ayudan, proponen, complementan; valorarlas pidiendo su opinión y su apoyo, dejando que nos alienten en cualquier manera. Éstas son formas que a mí me funcionan... Tal vez también a ti...

Para dejar claro a qué me refiero, te daré algunos ejemplos de lo que yo hago.

▶ Desde hace tiempo decidí "recibir" de los hombres, de cualquier edad (de niños a viejitos) y con cualquier característica (de Adonis a Quasimodos). Aunque yo pueda hacerlo, si alguno quiere abrirme la puerta, ayudarme a subir mi maletita al compartimiento superior del avión, cederme su lugar, levantar un objeto que se me cayó, lo acepto y lo valoro.

▶ Me encanta el cerebro masculino que ve la vida de forma distinta a la mía. Por eso, cuando quiero un punto de vista diferente, cuando necesito retroalimentación sobre algo, si estoy confundida sobre un tema, o si tan sólo necesito el remanso de una visión práctica y sin carga emocional, hablo del asunto con un hombre en quien confíe. Y tengo la fortuna de contar con muchos, inteligentes y confiables, que me valoran tanto como yo a ellos: mi pareja, mis hermanos, mis amigos, mis colegas, mi hijo y hasta mi ex marido. ¿Por qué soy tan afortunada? Tal vez porque valoro y respeto al sexo masculino la vida me acerca a muchos especímenes maravillosos.

▶ Para los hombres a mi alrededor soy una compañera de la vida agradable, divertida, inteligente y que nutre su existencia. Ésa es una forma de respetarlos y honrarlos.

Pues bien, te he presentado tres ejemplos que en mi caso funcionan para traer reconciliación entre hombres y mujeres. Y si la unidad es lo mismo que el todo, o como es en el microcosmos es en el macrocosmos, quiero creer que mi reconciliación con el sexo masculino repercutirá para bien en otras de mis congéneres. ¿Cómo? No lo sé, pero *elijo* creer que es así. Y si no lo es, lo cierto es que estas actitudes y conductas me hacen sentir bien.

Parte 2

Cómo una mujer se convierte en bruja

Capítulo 4

El engaño

El delito de los que nos engañan no está en
el engaño, sino en que no nos dejan soñar
que ya no nos engañarán nunca.
VÍCTOR RUIZ IRIARTE, dramaturgo español

Nada mata la confianza tanto como el engaño. Después de
éste, recuperarla se vuelve una tarea titánica que casi nunca termina con éxito. Un engaño implica mentiras, traición,
secretos, que con toda conciencia e intención el ejecutor lleva a cabo con un fin específico: evitarse un problema, una
pérdida o una afectación a su imagen personal, u obtener o
conservar algo que le importa mucho.

Cuando un engaño se descubre (y siempre se descubre)
—sea cual sea su índole—, el alma de esa relación se vulne-
ra y se desgarra, se hiere la dignidad y se reactivan todos los
posibles miedos, dolores, desilusiones y resentimientos de
cualquier etapa de la vida que puedan alojarse en el inconsciente del engañado.

En todas las edades y circunstancias, ser engañado lastima sobremanera. Lamentablemente, en la relación de

pareja los engaños son frecuentes y se relacionan con todo tipo de temas: finanzas, sentimientos o actos. Uno de ellos —la infidelidad— bien podría definirse como "el engaño de engaños".

En lo personal, la infidelidad me parece, desde cualquier punto de vista, inaceptable. No he conocido un caso en el cual traiga algo bueno. Sus defensores sostienen que hace buenas aportaciones a la relación. En los innumerables casos de parejas dañadas por este tema que he tratado, únicamente surgen dramas, desconfianza, rabia y un profundo dolor cuya sanación requiere mucho tiempo y esfuerzo.

Conozco a muchos defensores de la infidelidad que afirman que trae ventajas maravillosas a la vida en común: que mantiene "viva" la relación de pareja y le da equilibrio, que aumenta la autoestima de los involucrados, y que es incluso necesaria porque la fidelidad va en contra de la naturaleza humana. Cada vez que escucho algo así le pido a quien lo expresa que me muestre un caso, ¡sólo uno!, en el que en verdad ocurran todas estas maravillas.

Sigo esperando…

Al principio de una relación de infidelidad parece que es así, pero con el paso del tiempo (a veces muy poco) la situación cambia. Viene el estrés, la culpa, la ansiedad por la cadena de múltiples mentiras que tienen que sostenerse, recordar y entretejer de manera que tengan sentido para seguir encubriendo el hecho. ¡Qué pereza me dan los infieles!: se estresan a lo tonto para encubrir su traición. ¡Qué desagradable verse al espejo sabiendo que su vida es una mentira, y su persona una falsedad!

Y, peor aún, en algún momento el/la amante, que comienza a resentirse porque se le mantiene en secreto, pide más tiempo, atención y quizá otras cosas; se molesta por el lugar que se le da (o no se le da)… y el estrés y la incomodidad empeoran.

Más allá de consideraciones moralistas o religiosas, la infidelidad es una deslealtad y una traición, punto. Querer adornarla con atributos ventajosos es decisión individual. Lo que sí es seguro es que tarde o temprano la bomba explota y la traición queda expuesta, generándose un drama inevitable que hiere y daña profundamente no sólo a los amantes sino a sus parejas engañadas, a sus hijos… ¡a muchos!

La verdad no soporta mantenerse enterrada ni en la oscuridad. Por el contario, siempre empuja para salir a la luz, porque ahí es donde pertenece. El infiel siempre da signos y señales, ¡es imposible no hacerlo!; el problema es que la pareja a veces no los nota o no quiere notarlos. Así se entra en un mecanismo de negación porque reconocerlo le implicaría ver, sentir y confrontar situaciones para las que no tiene la fortaleza o, simplemente, las ganas de enfrentar.

En cada época las verdades se revelan de manera diferente. En la actualidad la verdad sale a la luz más rápido que nunca en la historia conocida por quienes ahora habitamos el planeta. Esto se debe a los avances tecnológicos. En los casos de infidelidad en las parejas que me han consultado en los últimos años, ésta se descubrió mediante el localizador del teléfono del cónyuge, un correo electrónico, un estado de cuenta, el identificador de llamadas, un WhatsApp, un mensaje de texto o las redes sociales que pusieron en evidencia el secreto. Sea como sea, el hecho innegable es que la bomba va a explotar, trayendo consigo el hedor y la destrucción que sin duda causará.

Por las razones mencionadas, en nuestros días la verdad no permanece oculta por mucho tiempo. Ya sea porque los avances tecnológicos y la comunicación de nuestra era traspasan incluso las fronteras del planeta; porque las guerras han provocado el desarrollo de canales de comunicación cada vez más sofisticados; porque el mero proceso de evolución de la humanidad así lo dicta, o por las razones en las que cada uno quiera creer, el hecho es que la comunicación ha alcanzado niveles nunca vistos y lo ha hecho a una velocidad sin precedentes.

Pero volvamos a los infieles. Algunos hombres y mujeres lo son, ambos por igual. Aun cuando en este apartado me centro en la infidelidad del hombre hacia la mujer, bien podemos transferir todas las ideas que aquí presento a la infidelidad de ella hacia él. En ambos casos la destrucción y el dolor que el engaño causa son inmensos. Algunas estadísticas muestran ciertos matices diferentes entre la infidelidad del hombre hacia la mujer y viceversa. Por ejemplo, 75% de las mujeres infieles terminan enamorándose de la otra persona, en comparación con sólo 43% de los hombres. Además, cuando la vida de pareja es desagradable y dolorosa, el proceso de "desenamorarse" es más lento en las mujeres que en los hombres, y éste, el desenamoramiento, es un factor que puede conducir a la infidelidad.

En parte por naturaleza y en parte por motivos culturales, en las mujeres la sexualidad y los sentimientos guardan una fuerte conexión, lo que reafirma lo mencionado en el párrafo anterior. Por ello, cuando el hombre infiel le dice a su mujer: "Nada significó, fue sólo sexo", ella se quiebra la cabeza y se siente sumamente frustrada, intentando entender que eso sea posible. Al parecer, sí lo es. Pese a que estas estadísticas y generalizaciones son relativas hasta cierto grado, la experiencia de quienes trabajamos con seres humanos con frecuencia las sustenta.

Pues bien, ¿cuáles son las razones por las que tanto hombres como mujeres son infieles?

▶ Creencias favorables al respecto, como las citadas; es decir, considerar que, de alguna manera, esta conducta es buena para la relación
▶ La necesidad de reafirmarse, de sentir que se es atractiva/o y capaz de conquistar
▶ Ciertos patrones aprendidos en la infancia que dificultan la capacidad de compromiso y lealtad
▶ La "crisis de la mitad de la vida", que impulsa ciertas conductas, como buscar situaciones que llenen los vacíos que la propia existencia insatisfactoria no ha llenado, así como la necesidad de sentirse todavía joven, atractivo/a y capaz de conquistar
▶ Alto grado de insatisfacción en la relación de pareja, problemas que no se enfrentan y mucho menos se resuelven
▶ Tener el "gen de la infidelidad"

¡¿Gen de la infidelidad?! Sí, a partir del año 2000 surgieron investigaciones alrededor de esta idea. Por nombrar las más destacadas, en 2008 el doctor Hasse Walum, del Karolinska Institute de Estocolmo, condujo un importante estudio sobre el tema, al igual que lo hiciera el doctor Justin R. García, de la Universidad de Binghampton en Nueva York. Los resultados arrojan datos interesantes: algunas mujeres sufren alteraciones del gen AVPR1A, receptor de la hormona vasopresina, la cual, entre otras funciones, ejerce un poderoso efecto sobre conductas sociales como la confianza, la vinculación emocional, la unión sexual yla capacidad de compromiso con la pareja. Por tal motivo, se considera que una mutación en este gen predispone a la dificultad para comprometerse con la pareja y lograr una unión emocional profunda y, por tanto, a la aparición de la infidelidad. De igual forma, según el doctor Walum, la alteración del gen receptor de la hormona oxitocina inclina a la falta de afecto y vínculo de la mujer hacia su pareja.

Por otra parte, una variante del gen DRD4 —llamada gen alelo 334—[1] se ha ligado a la limitación en la capacidad social en el hombre, la cual predispone a la infidelidad y la promiscuidad. En conclusión, la oxitocina y la vasopresina desempeñan una función relevante en el establecimiento y la perpetuación de lazos emocionales entre las personas y, en este caso, entre los miembros de la pareja.

Los descubrimientos respecto al "gen de la infidelidad femenina y masculina" han provocado gran controversia, y para algunos, brindan una agradable excusa para culpar a sus genes de su falta de compromiso.

---

[1] Un alelo es cada una de las variantes que puede tener un mismo gen, mismas que producen ciertas modificaciones concretas de la función de ese gen.

Los investigadores mencionados sostienen e insisten en que sufrir estas mutaciones de dichos genes no significa que el sujeto quedará determinado sin remedio a la infidelidad; más bien, sencillamente dificulta la creación de lazos afectivos sólidos. Así pues, el gen no es excusa, porque para eso tenemos la voluntad y el libre albedrío que nos permiten elegir entre las alternativas: ser infiel o no serlo. Eso es ya una elección.

La ciencia ha permitido descubrir una infinidad de predisposiciones genéticas (a la diabetes, al cáncer, a los trastornos cardiacos, a la hipertensión arterial, a las adicciones, entre otras), las cuales no necesariamente tienen que desarrollarse. Por ejemplo, alguien con una predisposición genética a la diabetes puede vivir una vida completamente sana si cuida su alimentación y todos los aspectos relacionados con el desarrollo de dicha enfermedad.

En el caso que nos ocupa se ofrecen recomendaciones como las siguientes. Si bien a primera vista parecen acciones producto del sentido común, vale la pena revisarlas, tomarlas muy en cuenta y valorarlas como las sólidas y efectivas estrategias que son, para mantenerse lejos de la infidelidad (con el gen o sin él).

▶ Hay que aprender y desarrollar habilidades para comunicarnos con la pareja; ser capaces de expresar nuestros sentimientos y necesidades.

▶ Elaborar un proyecto de vida juntos, es decir, incluir actividades que a ambos les interesen y disfruten. Diviértanse, pasen tiempo juntos y, al menos una vez por semana, procuren que sea sin hijos. Explicar el porqué de esta recomendación está de sobra.

▸ Elevar la producción de oxitocina. Este objetivo se logra mediante el contacto físico, los masajes, el canto, el baile, el acto sexual, el hacer regalos (de cualquier tipo) y llevar a cabo actividades que nos gusten.

▸ Identificar y evitar personas, lugares, situaciones y actividades que puedan provocar que se cometa una infidelidad.

▸ Disfrutar a plenitud su sexualidad juntos. Eso implica entusiasmarse, renovarse, experimentar, jugar, buscar formas que los motiven. No permitan que la sexualidad con la pareja quede relegada o deje de existir. Reavívenla, aliméntenla, disfrútenla. Déjense de tonterías como alegar que no hay tiempo, no me agrada o no me siento bien, y devuélvanle el importante lugar que tiene para unir y fortalecer el alma de la relación. Casi todos/as los/las infieles aducen la trillada excusa: "Busqué afuera lo que no tenía en casa". ¡Pues créalo en casa!

▸ Busquen un camino para resolver sus conflictos de pareja: psicoterapia, retiros espirituales o cualquier otro de los muchos que existen. Pero jamás cometan el gran error de volverse para no ver lo que necesita ser visto y atendido.

▸ Si la relación ha muerto, si a pesar de los intentos no se consigue rescatarla, mejor cierren primero ese capítulo de su vida antes de abrir otro.

¿Por qué he puesto tanto énfasis en la infidelidad? Porque esta forma de engaño sólo causa dolor y destrucción, porque puede dejar daños permanentes, porque mi aspiración profesional y personal es asegurar la autenticidad y la salud en todos los planos... y algo que tiene que mantenerse en secreto y alimentarse de mentiras ¡no puede ser sano!

El hombre y la mujer que merecen ser llamados así saben que tocando a una persona, teniendo a alguien (a quien eligieron como pareja), tocan y tienen a todos/as. Quien no puede percibirlo así es porque no ha descubierto a su pareja y, por ende, no ha comprendido a fondo el hermoso misterio de su individualidad.

La circunstancia que llevó a Camila y a Alberto a consulta fue justamente la infidelidad de él, que devastó a Camila. En la primera sesión que sostuvimos ambos hablaron profusamente de la situación, cada uno desde su trinchera, por supuesto. Ella estaba herida y furiosa, por lo que con frecuencia le reclamaba a Alberto lo que le había hecho y le demandaba respuestas a las múltiples y tormentosas preguntas que se agolpaban en su mente. Alberto se quejaba de lo que él llamaba "acoso", como si fuera una pobre víctima inocente.

¿Qué pasa por la mente de los/as infieles que hacen sus trastadas, para luego indignarse y quejarse porque su pareja está enojada, reclama y exige respuestas? Ésas son las consecuencias naturales de una decisión que tomaron y tienen que asumirlas, lo cual implica darle a su traicionada pareja el respeto que sus sentimientos merecen. No hay de otra. La psicoterapia (o cualquier medio de curación) pretende apoyar para superar y sanar esos sentimientos, pero mientras estén frescos el infiel deberá aguantarlos.

En un momento dado Camila le pidió que honestamente le dijera si estaba dispuesto a dejar a la otra mujer, añadiendo que si no era así, quería el divorcio porque no toleraría vivir una situación como esa. Alberto le aseguró que dejaría a su amante, que la amaba a ella, que estaba dispuesto a hacer lo que fuera para salvar su relación. Camila, a pesar de su dolor, tenía buena disposición para trabajar en ese objetivo. Alberto actuaba con enorme cariño tanto dentro del consultorio como en casa y se esforzaba por hacer toda clase de méritos para que su esposa le otorgara el perdón.

Como parte de diversos manejos y acciones terapéuticos, trabajamos en establecer ciertos compromisos entre Alberto y Camila. A ella le asigné una "tarea terapéutica" que traería para la siguiente sesión: preparar una lista de lo que necesitaba que Alberto hiciera para poder creer y confiar en que su decisión de dejar a su amante era honesta, ya que —como era de esperarse— la invadía la desconfianza y la paranoia.

Llegado el plazo, Camila presentó su lista. Una de sus peticiones era que frente a ella le enviara un mensaje a la susodicha, diciéndole que ya no quería nada con ella, que su relación terminaba y cosas por el estilo, y que enseguida la borrara de sus contactos, Facebook, etc. Me llamó la atención la reacción extremadamente entusiasta y diligente de Alberto ante dicha petición. "¡Por supuesto que sí!", respondió. De inmediato sacó su teléfono, escribió el mensaje de terminación de la relación, se lo mostró a Camila preguntando si así le parecía bien, y acto seguido lo envió. Después borró el contacto de todos lados, mostrándole a Camila cada paso. Todo eso me dio mala espina y encendió en mí una alerta roja. Por unos segundos miré a Alberto a los ojos y él evadió mi mirada. Mi mala espina y mi alerta roja se fortalecieron.

Terminada la sesión, Camila salió con rapidez porque tenía que recoger a los niños en la escuela. Venían en autos separados. Le pedí a Alberto que esperara unos minutos, y ya a solas, lo confronté.

—¿Ya le habías advertido a tu amante que le mandarías ese mensaje y la borrarías, verdad?

Él, estupefacto, no supo qué decir.

Le hice ver lo inaceptable, infantil, absurdo y ofensivo de su nuevo engaño a Camila y su intento de engañarme a mí; su falta de respeto a su proceso terapéutico y a los compromisos que estaba estableciendo con su esposa; lo absurdo y ridículo de que invirtiera tiempo, energía y dinero en ese teatro; su falsedad al asegurar tantas veces que quería rescatar su relación con Camila, cuando en el fondo sabía que en absoluto estaba dispuesto a dejar su relación extramarital ni a efectuar cambios reales. Y concluí, por supuesto, con que yo no sería parte de sus payasadas.

Lo único que Alberto quería era aquietar a Camila para que dejara de molestarlo y conservarla, porque no deseaba divorciarse.

El sueño dorado de muchos/as infieles es que ninguna de las partes les reclame, que acepten con gusto lo que dan y la existencia de la otra/o, sin que se les moleste. Actúan como niños movidos por un instinto y un deseo primarios de tenerlo todo. Eso es normal en la infancia, ¡pero en la adultez!…

Ante mi confrontación, Alberto me confesó que amaba a la otra mujer y no quería dejarla, pero tampoco deseaba divorciarse porque le encantaba su casa y su gran sala de televisión con su enorme pantalla, donde tanto disfrutaba reunirse con sus amigos para ver el futbol. Si se divorciaban, tendría que salir de la casa o venderla y darle a Camila su parte. ¡Qué profundas razones para seguir casado! ¡A veces se me retuercen las entrañas por lo que escucho y veo! Sin embargo, tengo que hacer un esfuerzo por enderezarlas. Debo recordarme a mí misma que cada persona tiene derecho a ser y desear lo que quiere y mi función no es juzgar, sino apoyar a mi paciente en la resolución del tema por el cual buscó mi atención profesional.

Concluí recomendándole a Alberto que le dijera la verdad a Camila y sugiriéndole que lo hiciera en la siguiente sesión, la cual sería, por razones obvias, la última de su "terapia de pareja". Así lo hizo. Está por demás describir la reacción de Camila. Decidieron iniciar su proceso de divorcio y ella continuó como mi paciente para apoyarla a superar la dolorosa experiencia. Con mucho esfuerzo, voluntad y compromiso lo logró; surgió entre las cenizas como el ave fénix, renovada y conectada consigo misma, con sus recursos personales y su gran potencial.

Algunos defensores de la infidelidad sostienen que mientras el otro no se dé cuenta, todo está bien (como si eso fuera posible). Ellos pensarían que cuál era el objeto de decirle la verdad a Camila, cuando podría haberse quedado tranquila con el teatrito de que Alberto mandó el mensaje de terminación y borró a su amante de sus contactos. Así su esposo podría continuar su relación con ella, Camila creería que eso ya estaba terminado… y ¡todos felices!

Lo cierto es que Camila lo iba a descubrir de nuevo, o la otra mujer comenzaría a exigir más abrumando a Alberto con quejas y peticiones; o ella misma le diría a Camila para provocar que se divorciaran y quedarse con él; o él se autosabotearía para que la situación saliera a la luz y alguna de las dos tronara, haciéndole la tarea de la cual su cobardía le impedía responsabilizarse. El punto es que… en uno u otro momento, la verdad sale a la luz.

Algunas personas incorporan la infidelidad en esquemas de pareja como la de los *swingers* (intercambio de parejas) o la poligamia (régimen que permite tener varias parejas), que existe en diversas culturas. En estos casos no hay infidelidad porque la pareja y todos los involucrados han llegado a un acuerdo. Tampoco hay mentiras ni secretos, pues las relaciones son abiertas y conocidas por todos.

Los elementos que caracterizan a la infidelidad y la hacen tan destructiva son el engaño, la traición, los secretos y las mentiras.

Es válido desenamorarse o enamorarse de alguien más. Los ciclos terminan, las cosas cambian, las relaciones se desgastan por el descuido. Lo que no es válido es el engaño. Tener la valentía y la decencia de encarar la realidad, de cerrar un capítulo antes de abrir otro, es lo que marca la diferencia entre una persona íntegra y una que no lo es.

Ser fiel, pues, es una elección. Seguramente en algunos momentos de la vida se sentirá atracción hacia otras personas, pero entre la alternativa de ser infiel y no serlo se elige la segunda.

OTROS TIPOS DE ENGAÑO

Alberto creció en un hogar donde el engaño era aceptable y hasta bien visto. Él recuerda que su mamá constantemente le mentía a su esposo acerca de toda clase de temas: que los niños no habían ido a la escuela porque no hubo clases, cuando en realidad no habían asistido porque no tenían ganas o porque mamá no se levantó a tiempo para prepararlos y llevarlos; que un artículo escolar había costado tal cantidad, cuando había sido menos; que necesitaba dinero para cierta cosa, cuando se lo gastaba en otra. Tras cada uno de estos engaños al padre, madre e hijos celebraban con risas y halagos mutuos la buena idea.

Pasados unos años, el hermano mayor de Alberto comenzó a encubrirlo para que escapara durante la noche o la ayudaba a encontrar excusas o inventar historias para lograr lo que deseaba. Alberto aprendió que engañar y mentir era aceptable y correcto, e incluso era una muestra de inteligencia y astucia.

Cuando adulto, estas conductas estaban tan arraigadas en él que ni siquiera se daba cuenta de que mentía con frecuencia nomás porque sí. No tomó conciencia de ello sino hasta que acudió a terapia debido a la acumulación de muchas pérdidas dolorosas por igual: un muy satisfactorio empleo que tenía, una pareja a la que adoraba, un amigo de la infancia que no le pudo perdonar un engaño. Ninguna de estas bendiciones valoró Alberto, arruinó todo contaminándolo con los engaños y las mentiras que formaban parte de un patrón de comportamiento, el cual, al haber crecido con él, ni siquiera consideraba inadecuado.

Alberto aprendió una dura lección por el camino difícil: el de la devastación que deja haber perdido bondades y personas que se negaron a dejar pasar su actitud.

El engaño, como pocas cosas en la vida, cambia el curso de relaciones y situaciones. Por su carácter insostenible, carcome y agota a quien lo genera y siembra en quien lo padece el miedo a creer y a confiar.

¿Qué puede haber de valioso en el engaño?

La HERIDA

Diversos factores de la vida personal, sobre todo los derivados de experiencias de la infancia, influyen para que una persona carezca de cierto código de ética interior que le impida practicar el engaño en cualquiera de sus manifestaciones y, por el contrario, la induzca a integrarlas como algo natural en su vida.

Por una parte, como podemos inferir de los casos expuestos, una posible causa es el aprendizaje adquirido al vivir en el seno de una familia sin escrúpulos ni ética o en una que consideraba el engaño como algo aceptable y normal, incluso como una muestra de astucia. De tal forma, haber crecido sin valores es un factor que indudablemente influirá en dicha conducta.

En muchos casos de infidelidad, quien la comete tuvo un padre o madre infiel, conducta con la que —a pesar del dolor y los estragos que causó en la familia— algunos de los hijos se identifican y que perpetúan, sobre todo si la historia es que el padre/madre infiel abandonó a la familia. Esto suele ocurrir cuando el abandono o el rompimiento de la familia se debió a la traición de la infidelidad. Entonces se fija una "impronta" en la psique del niño que lo hace recordar a su padre o madre justa y solamente con base en ese evento que se inmortaliza y se revive magnificado. Por consiguiente, el hijo/a se identifica con esa conducta, la cual repite como una forma de conectarse con el padre/madre ausente, y la convierte en un patrón que puede continuar durante toda su vida adulta y a lo largo de varias generaciones.

Ésta es una de las ironías de la vida. Lo que hizo sufrir se repite causando sufrimiento a otros, y así sucesivamente. Los patrones familiares dolorosos e insanos se romperán cuando alguien, en algún punto de la cadena generacional, trabaje en su sanación, con lo que liberará a los que siguen de arrastrar continuamente ese patrón, y reivindicará a los antecesores que lo establecieron.

Por otra parte, el miedo al amor y al compromiso suele ser causa irrefutable de la infidelidad. Una infancia colmada de pérdidas por muerte o abandono provoca miedo al amor, a entregarse y a abrir el corazón, así como la sensación de correr un riesgo constante (a menudo imaginario) de salir lastimado. De ahí que la persona opte por no enamorarse, no comprometerse, no entregar su amor ni abrirse a recibirlo de su pareja, porque puede perderla y sufrir. Mejor —piensa— será esparcirlo por ahí, considerando, de forma consciente o inconsciente, que dicha postura es más segura.

Sea cual fuere la razón por la que una persona haya desarrollado comportamientos como los mencionados, en la edad adulta tiene toda la posibilidad de cambiar, así como la responsabilidad de asumir o no esa decisión y sus consecuencias. Explicar por qué se forman las conductas patológicas nos lleva a comprenderlo, pero nunca a justificarlo. El objetivo es promover que la persona se motive a hacer cambios, consciente de que todo lo que se creó puede modificarse.

OTRAS CONSIDERACIONES

¿En realidad se nos engaña? Se dice que el inconsciente —alma, ser interno o como cada uno elija llamarle— nos habla por medio de sensaciones corporales. Éstas suelen ser tan claras que con frecuencia tenemos que esforzarnos para acallarlas, por la sencilla razón de que no queremos escuchar. Darnos cuenta nos obliga a tomar decisiones, a hacer cambios que en ocasiones no deseamos realizar por comodidad, por pereza o por sentir que carecemos de la fortaleza para afrontarlos. Entonces, de mil y una formas ponemos oídos sordos a esas señales hasta que se convierten en gritos que es imposible ignorar.

En los casos que implican engaño —no necesariamente infidelidad— de alguna manera vimos señales o intuimos que aquello sucedía. En ese momento, por la razón que fuese, elegimos no verlo. Ésa es —en todo caso— la parte de responsabilidad del engañado en este escenario. En tanto no aprendamos a escuchar y a validar esas señales, ellas no cumplirán su objetivo: protegernos.

En nuestra sociedad occidental no se nos enseña a reconocer ni a validar aspectos como la intuición y toda la gama de señales mencionadas, por lo cual, cuando aparecen, las ignoramos. Más bien lo que se nos enseña es a invalidarlas. Y es precisamente validando y creyendo en esas señales como la intuición se fortalece, se afina y se perfecciona.

Así las cosas, podríamos decir que en realidad el engaño ocurre únicamente en las esferas del nivel consciente, el cual se percata sólo del "fenómeno", es decir, de lo que puede percibirse con los sentidos. Pero en el nivel visceral, el inconsciente, se encuentran las realidades que, aunque no queramos percibir, pugnan por manifestarse.

Sin duda, muchas situaciones desagradables podrían evitarse en la vida si decidiéramos prestar atención a nuestras sensaciones corporales que nos anuncian, nos advierten y nos guían. Ellas son el lenguaje con el cual nos habla nuestro ser interno, que siempre busca nuestro bien mayor.

Capítulo 5

Las máscaras de la violencia del hombre hacia la mujer

La agresión física es posiblemente la forma de violencia del hombre hacia la mujer más identificada como tal. Por fortuna, cada día se difunde más la información sobre las múltiples formas y máscaras que puede asumir: abuso financiero, abuso sexual, el tan conocido abuso físico y el psicológico. Parte de este último lo conforman la manipulación, el control y la posesividad, tipos de abuso que difícilmente se reconocen en ese sentido. Resulta fácil confundirlos y, en sus etapas iniciales, incluso tomarlos como apoyo e interés por la pareja. No obstante, es inobjetable que provocan los desastrosos efectos del abuso de cualquier tipo, entre ellos los siguientes:

- ▶ Baja autoestima por la constante descalificación y nulificación, que llevan a la persona a convencerse de que no vale, no sabe y no puede
- ▶ Depresión profunda y desesperanza
- ▶ Autocrítica y sentimientos de culpa, convencimiento de que ella hace algo para merecerlo: "se lo

busca" y, por tanto, si hiciera mejor las cosas, no le sucedería eso

▶ Miedo, ansiedad, irritabilidad, debilidad física y emocional

▶ Aislamiento social para guardar el secreto y, por tanto, sensación de desamparo y soledad

▶ Dependencia y sometimiento, que provocan que anule sus deseos, necesidades y opiniones, para pensar, sentir y hacer lo que el otro desea y como lo desea

▶ Incertidumbre, confusión e incapacidad para tomar decisiones

▶ Identificación con el maltratador; esto es, puede llegar a defenderlo, justificarlo y hasta sentirse enamorada de él, lo cual le sirve para soportar la situación de abuso

▶ Trastornos del sueño

▶ Posible alcoholismo y/o ludopatía

▶ Posibles trastornos alimentarios, como anorexia o bulimia

Todo lo anterior genera la sensación de no ser capaz de salir de la situación de abuso, ni de buscar ayuda. De hecho, uno de los factores más importantes que mantienen y refuerzan el abuso es que la víctima lo guarda en secreto por varias razones: por un lado, el miedo a ser juzgada como una tonta por seguir en esa relación y, por otro, el apego a su abusador, de quien a veces depende en el aspecto emocional o financiero. La sensación de estar atrapada, paralizada, congelada, es el pan de cada día para la víctima de abuso, a quien le parece imposible encontrar la puerta de salida. "¿Hay siquiera una puerta de salida?", se cuestiona.

Por lo general, la víctima en cuestión se ofende y se molesta cuando alguien le habla sobre el tema o le sugiere dejar la relación. La ayuda que en un momento dado se le ofrece la considera una intromisión; incluso una agresión. Su baja autoestima, su apego patológico al abusador, su depresión y su miedo han opacado su juicio y ni siquiera está segura de ser una víctima de abuso. Puede leer una lista de señales de dicha condición, escuchar a un experto hablar del tema, escuchar explicaciones detalladas de las conductas del abusador, y aun así no identificarse con ello.

Mencioné con anterioridad que la faceta del abuso psicológico que se relaciona con el control, la manipulación y la posesividad con frecuencia no se considera como tal y puede confundirse con interés por parte del abusador en proteger y apoyar a la víctima.

¿Cómo se manifiestan el control, la manipulación y la posesividad?

Quien los ejerce no considera a su mujer como una compañera; más bien está convencido de que ella es de su propiedad y que eso le concede todos los derechos sobre ella… ¡Todos! La considera tonta, incapaz, débil; inferior, en pocas palabras.

La descalifica y hace comentarios humillantes sobre ella delante de otras personas; le prohíbe salir, ver a su familia o interactuar con sus amistades; controla lo que puede y no puede hacer; controla el dinero y decide al cien por ciento en qué y cómo gastarlo; desvaloriza todas las opiniones y actos de su mujer; se burla de sus comentarios o de plano los ignora, y acostumbra obligarla a tener relaciones sexuales aun cuando ella no lo desea.

La mujer víctima de abuso pierde poco a poco su identidad; por completo confundida respecto a sí misma y a lo que la rodea, llega a convencerse de que en realidad es esa tonta inútil, sin valor alguno, que debería estar agradecida por tener a ese hombre que, pese a todo, la tolera y está con ella. En consecuencia, se vuelve cada vez más sumisa ante su abusador, en parte por la pérdida de su fuerza interior y en parte por el miedo que la invade respecto a qué pasaría si lo deja, qué será de ella y de sus hijos (cuando los hay), qué represalias podría tomar él. Aunque esta cruda realidad cause dolor, cuanto más tiempo pase al lado del abusador, más daño psicológico, físico, emocional y financiero se causará.

Mi querida congénere, si estás dentro de una relación de abuso de cualquier tipo, ¡deja a tu pareja! ¡Manda a volar a ese remedo de hombre! ¡No va a cambiar por más que te lo prometa! ¡No tiene remedio!… a menos que reconozca que sufre ese gran problema y se someta a recibir ayuda profesional, lo cual, querida mía, sucede muy rara vez.

Por eso… ¡mejor déjalo ya! ¡Libérate de una vez de esa relación que te destruye más cada día!… No puedes, ¿verdad? Te parece una tarea monumental e imposible, y hasta dudas de si deberías hacerlo. Intentas convencerte de que con él estás mejor, de que no es tan grave, de que él cambiará. Guardas el asunto en secreto por vergüenza y por miedo e incluso —por increíble que parezca— sientes preocupación por él si lo dejas. Yo te entiendo, y te entienden muchas mujeres que como tú han pasado por relaciones de este tipo.

¡Pero sí hay remedio y solución! Lo primero que necesitas hacer es dejar de mantenerlo en secreto. Es esencial que lo cuentes a un profesional, a un familiar, a un buen amigo, a un grupo de apoyo. En la actualidad en casi todos los pueblos y ciudades funcionan instituciones de apoyo a la mujer maltratada. Basta con teclear en un buscador para encontrar teléfonos de ayuda y lugares a donde acudir si estás atrapada en una situación de abuso. Sólo tendrás que dar el primer paso: buscar ayuda.

Seguir a su lado, por la razón que sea, únicamente empeorará las cosas, porque esta condición es progresiva. Cada vez será mayor el riesgo que correrás quedándote en esa trampa. Cada vez serán mayores los daños para tu persona en todos los niveles. Y si tu persona no te importa mucho, veamos qué sucede con tus hijos.

Cuando te quedas al lado de un abusador también los pones en riesgo y los conviertes en víctimas directas de ese tormento. Al presenciar semejantes escenas ellos experimentan altísimos niveles de angustia y de impotencia por no saber qué hacer. Peor aún, ni siquiera encuentro palabras para expresar lo que siente un hijo cuando asume el rol de defensor de su madre maltratada, convencido de que, si lo hiciera mejor, podría solucionar las cosas y liberarla de su verdugo. Por si todo ello fuera poco, al tolerar el maltrato mandas este mensaje a tus hijas mujeres: "Esto está bien, así debemos ser tratadas las mujeres, esto es lo que merecemos". Y el mensaje para tus hijos varones es: "Esto está bien, así deben ustedes tratar a las mujeres, es lo que ellas merecen".

Bajo tales circunstancias, irremediablemente el patrón de abuso se perpetuará en la vida de tus hijos y de las generaciones subsiguientes, como lo muestra un sinnúmero de estudios. El ciclo del abusador y la víctima continuará hasta que alguien, en algún eslabón de la cadena generacional, reúna la determinación de detenerlo, de salir del patrón de abuso y romperlo, con lo que liberará a los descendientes y reivindicará a los antecesores.

Ojalá seas tú ese eslabón.

La herida

Como mencioné en el capítulo 3, en el cual tratamos la violencia de la mujer hacia el hombre, en la vida de un agresor hay una historia de abuso. Por lo general, el hombre maltratador fue un niño maltratado en alguna forma. Si tuvo una madre abusiva y castrante, puede desarrollar misoginia (odio hacia las mujeres), sentimiento que alimentará su violencia en sus relaciones de pareja, en las que la mujer se convierte en el símbolo de la madre de quien quiere vengarse a través de sus parejas. Éstas también pueden representar a un padre abusador a quien el niño percibía como una figura sumamente fuerte y poderosa, a quien ni en sueños podría vencer. Ahora, como adulto, se desquita con seres que considera más débiles que él (las mujeres o sus hijos), por lo que su triunfo está garantizado.

Lo trágico de estas venganzas inconscientes es que nunca es suficiente. Por más que abuse y castigue a quienes simbolizan a su agresor, este hombre jamás logrará la satisfacción interior que tanto busca, ni la sensación de "estar a mano"; de ahí que sus conductas de abuso se perpetúan.

Como mencioné, de igual forma un hijo sobreprotegido y malcriado, que no vivió las consecuencias de sus actos, que creció sin límites ni disciplina, puede convertirse en un adulto abusador y violento, que no tolera que las cosas no salgan a su gusto y medida. Ese chiquillo malcriado que cree que todos estamos en el mundo para servirlo y cumplir sus caprichos, y que la vida debe ser como él desea, continúa viviendo en el adulto abusador.

Capítulo 6

Tú llegas hasta donde yo decido

En el capítulo anterior abundé en el tema del maltrato del hombre hacia la mujer en sus diversas manifestaciones. Aquí deseo profundizar en la sutil forma de maltrato manifestada mediante la manipulación y el control. Precisamente por ser sutil y en ocasiones aun elegante merece la pena abrirle las entrañas para entenderla mejor, para comprender lo que hay dentro y fuera, delante y atrás, oculto y manifiesto.

Camila está casada con Alberto desde hace 12 años. Cuando le expresa cualquier cosa que ella desea encuentra un NO como respuesta. Sus intentos de estudiar, impartir clases de inglés (idioma que domina), asistir a un congreso, inscribirse en un curso, trabajar medio tiempo mientras los niños están en la escuela, han sido y son bloqueados, descalificados e invalidados por Alberto. No importa cuál sea su interés, él dice NO.

Tanto había insistido Camila en su deseo de hacer algo para ella, que Alberto buscó y la inscribió en un curso sobre un tema que a ella no le interesaba en absoluto. Lo eligió porque a él le parecía que eso no le "movería el tapete" a Camila de manera alguna, ni le generaría cuestionamientos incómodos. "Además, el horario y el costo eran muy convenientes", remató. ¡Vaya manera de apoyar!

Camila se casó muy joven. El simple paso de los años la ha hecho madurar; además, de tonta no tiene un pelo. Por esos motivos, un día sintió que había tenido ya suficiente de esa trampa. Movida por una rebelión interior, decidió tomar acciones por su cuenta y limitarse a avisarle a Alberto, en lugar de pedirle su anuencia como solía hacerlo. Se inscribió en un programa de alfabetización de adultos y comenzó a trabajar enseñando a leer a personas analfabetas de todas edades, lo cual la hacía muy feliz.

Como era de esperarse, Alberto se molestó muchísimo por el atrevimiento de su insurrecta mujer y, de forma consciente o inconsciente, comenzó a buscar todas las formas posibles para cobrarle la factura, haciéndola sentir culpable e incluso una mala mujer. Camila no resistió la presión y, tras seis semanas de haber comenzado su proyecto, renunció.

Pasaron algunos meses y la voz interior de Camila se convirtió en grito. Su rebeldía se afianzó e, impulsada por ésta, retomó aquel proyecto que tan feliz la hacía, esta vez para no dejarlo a pesar de Alberto. Sus intentos de chantajearla con culpa se hicieron más fuertes, pero al no surtir efecto no le quedó más que aceptar que su mujer tenía ese derecho; al paso de poco tiempo se dio cuenta de que sus temores no se hicieron realidad y su mujer ahora era más alegre.

Lamentablemente no todos los Albertos reaccionan como el de esta historia.

En el caso de otra Camila, las prohibiciones de su Alberto tenían que ver con temas como salir a tomar un café, comprar una planta nueva o cambiar el acomodo de los muebles de la sala. El día que —después de cuatro años de no hacerlo para no molestar a Alberto— salió a tomar un café a las cinco de la tarde con una vecina 20 años mayor que ella él le cobró la factura durante dos semanas, retirándole el habla y aplicándole el látigo de su gélida indiferencia.

Una Camila de 53 años, en ese momento de la vida donde los hijos han volado del nido y la mujer se queda con las manos llenas de todo el tiempo que antes les dedicaba, decidió participar en un grupo de lectura que una amiga suya había formado en la sala de su casa. Todos los lunes, de 7:00 a 8:30 de la noche, 15 mujeres disfrutaban enormemente el proceso de leer libros y comentarlos durante su sesión semanal.

Pero el inconforme marido encontró una manera de castigarla: cada vez que ella llegaba de su sesión, alrededor de las 8:45 de la noche, encontraba la casa a oscuras y a Alberto "dormido", como para hacerla sentir culpable: una mala mujer que llega a casa cuando el marido ya se ha dormido. Lo cierto es que él ha sido un trasnochador toda su vida, y a diario acostumbra ver televisión hasta después de la medianoche, para luego acostarse a dormir. Casualmente, su hábito cambió de pronto, cuando su mujer decidió integrarse a esa actividad que le fascinaba. Por cierto, su nuevo hábito resultaba muy selectivo, porque sólo se presentaba los lunes por la noche.

Por lo general, la mujer sometida reacciona de dos posibles maneras: con el tiempo su sumisión aumenta como consecuencia de su pérdida de identidad, o por el contrario, se muestra rebelde y resuelta. Resuelta a otorgarse a sí misma los derechos personales que su hombre se ha esforzado por quitarle: el de respetar, validar y escuchar a su naturaleza femenina, con todo lo que ésta reclama para sentirse plena.

¿De dónde les viene a estos hombres la convicción de que sus mujeres son su propiedad y tienen derecho a controlar su vida? Del miedo… o del machismo, si lo prefieres; da igual, porque detrás de éste también hay miedo. Detrás del control hay miedo: al abandono, a la pérdida, a que el dolido corazón quede expuesto, herido por pérdidas y abandonos infantiles. La creencia consciente o inconsciente de que si una mujer se supera, es feliz, independiente y plena, se irá, alimenta la necesidad, en algunos hombres, de controlarla y someterla. Y, paradójicamente, son justo ese control y esa manipulación los que casi con seguridad conducirán al tan temido destino.

Cuando una mujer es feliz con su pareja, cuando se siente libre, cuando sus necesidades se respetan, no se va. Si sucede lo contrario, se irá… aunque se quede. Incluso si permanece físicamente al lado de su hombre, su alma ya no estará ahí.

En mi libro *En honor a la verdad*[1] presento un interesante cuento que muestra con claridad el asunto del corazón femenino al que me refiero. A continuación te ofrezco ese segmento tomado de mi citada obra:

> Un caballero del rey Arturo que regresa a su hogar después de una cacería, encuentra en una senda a una joven y la viola.
>
> El rey Arturo deja el destino y el castigo del caballero en manos de la reina y sus damas, quienes deciden perdonarle la vida si logra responder a la pregunta "¿Qué es lo que más desean las mujeres?"
>
> La reina le concede al caballero un año y un día, al cabo de los cuales deberá regresar al castillo con la respuesta, o será sentenciado a muerte.

---

[1] Martha Alicia Chávez, *En honor a la verdad*, México, Grijalbo, 2012.

Se cumple el plazo y el caballero, desconsolado, emprende la marcha al castillo sin haber encontrado la respuesta.

En el camino se topa con una vieja bruja, más fea de lo que la imaginación pueda soñar, quien, al enterarse de su situación, le dice que ella conoce la respuesta, pero que se la dará sólo si él jura que hará lo que ella le pida. El caballero, sabiendo lo que le espera con la reina, acepta.

La bruja le da la respuesta y le dice que su deseo es que se case con ella. El caballero, invadido por la desesperación y la repulsión, reemprende la marcha hacia el castillo para llevar la respuesta a la reina y sus damas, consciente de que tendrá que regresar a cumplir su juramento y casarse con la bruja.

En el castillo se presenta ante la reina, quien le pregunta: "¿Tienes la respuesta, caballero? ¿Qué es lo que más desean las mujeres?" Y él le responde: "Lo que más desean las mujeres es ser las soberanas de su propia vida".

"¡Ésa es la respuesta correcta!", contesta la reina, y le perdona la vida.

El caballero regresa a cumplir su juramento con la bruja y se casan. La noche de bodas, mientras, lleno de repulsión, él yace junto a su esposa, ésta le informa que la mitad del tiempo será una hermosa mujer y la otra mitad será la vieja y horrenda bruja.

"¿Qué eliges? —le pregunta al caballero—, ¿que sea la mujer hermosa de noche o de día?"

El caballero medita durante largo tiempo contemplando las dos posibilidades: si elige que sea la hermosa mujer de día, estará feliz de llevarla de su brazo para que todos los hombres la vean, la admiren y lo envidien. ¡Pero tendrá que pasar la intimidad de la noche con la horrenda bruja! Si elige la bella mujer de noche, la intimidad con ella será maravillosa, pero de día tendrá que llevar a la bruja del brazo, avergonzado de que los hombres lo vean y recibiendo sus burlas.

Entonces… le responde a la bruja: "No elijo… Que sea como tú quieras".

En ese momento, la horrenda bruja se transforma en una hermosa mujer y se queda así para siempre.[2]

El mensaje de este cuento es más sencillo e inofensivo de lo que parece. Para una mujer, ser la soberana de su propia vida significa ser respetada en sus decisiones, desde elegir de qué color teñirse el cabello, cuáles plantas sembrar, de qué tamaño comprar un mueble y cómo vestirse sin ser desaprobada por su hombre, hasta concederse el derecho de no ser buena cocinera sin sentirse inferior y culpable.

Significa también poder darse permiso de ser fiel a su naturaleza femenina, expresiva, cíclica, parlanchina y profunda, que le pide que su sabiduría, otorgada por el solo hecho de ser mujer, sea escuchada y respetada, y que su sensibilidad se valore y se proteja.

El que una mujer sea la soberana de su propia vida implica poder contar sus propias historias, caminar sus propios senderos y realizar sus propios sueños, pues ya está cansada de realizar los de otros.

---

[2] Tomado y adaptado del cuento "La mujer de Bath", del poeta inglés Geoffrey Chaucer. Aunque este cuento tiene muchos niveles de interpretación y análisis, aquí lo usaré sólo para ejemplificar mi punto.

La mujer soberana de su propia vida requiere que su hombre le permita expresar sus sentimientos, no que la desprecie si lo hace. Y él la desprecia porque cree que esos sentimientos son estados permanentes, porque desconoce que su mujer —como la Luna, la madre Tierra y la Vida— es un ser de ciclos.

La mujer soberana de su propia vida necesita que su hombre la apoye en sus sueños, no que los destruya. Y su hombre los destruye porque tiene miedo... de que se vaya, de que ya no lo encuentre interesante, de que lo deje y le abra las dolorosas heridas de abandonos pasados, infantiles, fulminantes.

Pero cuando un hombre mata los sueños de su mujer; cuando a todo le contesta con un frustrante NO, se burla de ella, critica su cuerpo y desprecia sus sentimientos; cuando cree que es su dueño y no su compañero; cuando le detiene los pies para que no vuele y la amarra con cadenas de culpa y vergüenza... a ella se le muere algo... Y se va... Se va aunque se quede. Y aquel temido abandono llega, porque, aunque su cuerpo viva con él, su corazón habrá escapado en un vuelo de palomas.

Hombres... ¡no tengan miedo! Porque, sin importar cuáles sean las necesidades, deseos y sueños de su mujer, ustedes y nuestros hijos siempre son la prioridad. No podemos hacerlo de otra forma; está en nuestra naturaleza y en cada célula de nuestro cuerpo. Si un hombre apoya el anhelo de su mujer de ser la soberana de su propia vida, con todo lo que esto significa, tendrá —como el caballero del cuento— a la mujer hermosa en lugar de la bruja.[3]

---

[3] Martha Alicia Chávez, *En honor a la verdad, op. cit.,* pp. 96-100.

Sigmund Freud comentó alguna vez:

> La gran pregunta que nunca ha sido contestada y a la cual todavía no he podido responder, a pesar de mis treinta años de investigación del alma femenina, es: ¿qué quiere una mujer?

Me encantaría sostener una charla con Freud a este respecto, al calor de un cafecito.

Parte 3

La bruja y la bestia en acción

Capítulo 7

La bruja y la bestia
en acción

En capítulos anteriores mostré por separado diversas conductas, tanto femeninas como masculinas, que propician el deterioro y la destrucción de la relación de pareja. En la vida real las mujeres también presentan las conductas que imputé al género masculino y, de igual forma, los hombres adoptan las que atribuí al género femenino. Las mostré por separado, por una parte, para fines prácticos y, por otra, porque en mi labor profesional he encontrado que las mujeres tendemos más a adoptar las señaladas en el apartado "Cómo un hombre se convierte en bestia". Asimismo, los hombres presentan más comúnmente las planteadas en el apartado "Cómo una mujer se convierte en bruja".

No obstante, hay ciertas conductas y actitudes que contribuyen mucho a crear esa destrucción del alma de la pareja, y que no pueden atribuirse al hombre o a la mujer en particular, pues se manifiestan con igual fuerza en ambos géneros. Dedico este capítulo a analizar dichas conductas.

FALTA DE COMPROMISO

¡Qué miedo volver a creer! ¡¿Y si de nuevo me fallan?! Ya no podría con otra desilusión; se agotaron mis fuerzas para recuperarme de los dolores que me causan. ¡Estoy tan cansada! Quisiera irme a una isla desierta donde no tenga que interactuar con seres humanos. Mejor me quedo sola, me aíslo, me vuelvo una ermitaña. Por lo menos así no correré el riesgo de una desilusión más… ¡NUNCA MÁS!

Éstas fueron las palabras textuales de una mujer que es extremadamente sensible a la falta de compromiso, y que ha sido muy dañada por las múltiples desilusiones vividas con sus colegas, sus parejas y, en general, la gente a su alrededor. Ella posee una impresionante capacidad de compromiso y lealtad a su palabra, que le hace imposible comprender por qué mucha gente, "con la mano en la cintura", no la cumple.

Si bien ésta es una realidad con la que por desgracia tenemos que vivir día a día, a ella la afecta seriamente y provoca la insoportable impotencia y frustración que tanto la hacen sufrir. Su capacidad de sobreponerse a la falta de palabra y de compromiso que caracterizan a la mayoría de las personas es prácticamente nula. Puesto que, lamentablemente, en nuestro mundo tal situación es una constante, hay que aprender a vivir con ella y a manejarla, algo que para ella parece una misión imposible. Es comprensible que prefiera ir a vivir a una isla desierta.

La falta de compromiso lastima a unos más que a otros. Para algunos los compromisos que hacen son sagrados. Para otros son sólo palabras sin raíces que se lleva el viento.

En mi opinión, los compromisos son mucho más que palabras, y las palabras, mucho más que sonidos. Son, de hecho, firmas de energía que plasmamos en el universo; no respaldarlas con nuestros actos va dejando deudas con la vida, huecos, asuntos inconclusos que se convierten en anclas y que necesariamente tienen una repercusión.

En la relación de pareja en particular el tema del compromiso o la falta de él cobra un significado extraordinario. Comprometernos con una pareja es una elección voluntaria. Las razones para hacerlo no necesariamente tienen que ver con el amor o con una decisión madura y sana, sino a veces con todo lo contrario. Sea como sea, el hecho innegable es que se trata de una elección voluntaria.

Uno de los mayores dolores que surgen en la relación de pareja es provocado por la desilusión, por los compromisos no cumplidos y por las palabras que no se honran.

Para comprender este asunto en profundidad, veamos las diferencias entre confiar en el otro, crearse expectativas y tener esperanza.

CONFIAR

Confiar es una necesidad humana básica. Desde pequeños, la confianza nos ayuda a sobrevivir y a sentirnos seguros. El bebé aprende a confiar en que mamá, papá o los adultos que lo cuidan atenderán sus necesidades cuando las manifieste por medio del llanto.

Es posible que ocurran innumerables situaciones que hagan que el niño pierda la confianza en los otros y, como consecuencia, en sí mismo y en la vida. Por otro lado, a veces, debido a otro tipo de vivencias, la confianza perdura y se fortalece. Sin embargo, en cualquier momento de la vida alguien puede traicionarla y destrozarla de tal forma que se quebranten y vulneren sus cimientos.

Por experiencia propia y la de muchas personas a las que he atendido, la confianza traicionada provoca un dolor que no exagero al calificarlo como "insoportable". De acuerdo con la fuerza del yo interno, con las experiencias vividas en la infancia y con la propia capacidad de resiliencia, algunos se recuperan mejor que otros de la devastación ocasionada por la confianza traicionada. Y las secuelas que semejante experiencia produce también dependerán de cuán capaces somos de sobreponernos y seguir adelante en la vida.

Ahora bien, si queremos ver en ello algún aspecto positivo, el dolor y la desilusión que se sufren por la confianza traicionada también pueden ayudarnos a aprender mucho sobre nosotros mismos, al reconocer nuestra parte de responsabilidad en el asunto. Asimismo, nos motivan a desarrollar la intuición y la capacidad de identificar las señales de nuestro ser interno, que siempre nos cuida para que "no nos vuelva a pasar". Dicho de otra forma, es necesario aprender a discernir cuándo, en quién, hasta dónde y cómo confiar. Y lo conseguiremos si repasamos la experiencia vivida y reconocemos que de alguna manera "ya lo sabíamos", porque hubo señales externas e internas que —por la razón que sea— elegimos ignorar.

La capacidad de confiar es una cualidad de alto valor que resultará de gran utilidad en nuestro paso por la vida. Lo importante es aprender a discernir.

CREARSE EXPECTATIVAS

Por otra parte, las expectativas son peligrosas y representan un camino seguro hacia la desilusión y el sufrimiento, porque para que acontezca aquello sobre lo cual tenemos expectativas, dependemos de que algo suceda o de que alguien decida emprender determinadas acciones. Ambos asuntos están fuera de nuestro control. Las cosas pasan como les da la gana pasar, la gente actúa como le da la gana actuar, y la mayoría de las veces no es como nos gustaría que fuera.

De ahí lo desgastante de albergar expectativas, de ahí que nos hagan sufrir. Cuantas más mantengamos, a mayor frustración y desilusión nos arriesgaremos.

En la relación de pareja es muy común crearse expectativas sobre lo que suponemos que el otro hará, deseará y sentirá, y convencernos de que no son invenciones nuestras, sino realidades que la pareja sustentará con sus acciones. Y así, exigimos, esperamos y nos enojamos cuando aquello que, según nuestra fantasía, debe suceder, no ocurre.

> En mí buscas lo que no tengo.
> De mí pides lo que no puedo.
> A mí me exiges lo que no quiero…
> ¡Emprende el vuelo, busca otro cielo!
> MARTHA ALICIA CHÁVEZ

TENER ESPERANZA

Tener esperanza es muy diferente a albergar expectativas. La esperanza es una condición de nuestra esencia más elevada, un bálsamo que nos da paz. Está sustentada en la permanencia e inmutabilidad de *lo que es*. Alimentada por la certeza de lo perenne, de lo que es *ley*: después de la tormenta siempre viene la calma; a la oscuridad de la noche le sigue la luz del día; la fruta crece y madura, y todo en la vida pasa... La esperanza aquieta los miedos, amplía la visión, fortalece y facilita la existencia. Hace saber que la vida es misericordiosa, y que si actuamos de diferente manera obtendremos resultados diferentes. Eso significa la misericordia: que hay otra oportunidad. Y la esperanza mantiene inmutable el recuerdo de que cada día, y cada instante del mismo, ofrece una nueva oportunidad.

La vida es misericordiosa, aunque por desgracia muchos seres humanos no lo son. Y ellos, precisamente, son quienes no perdonan un error, quienes nunca otorgan el beneficio de la duda, quienes ante la primera falla desprecian y se van. Sus compromisos están prendidos con alfileres y se desgarran cuando sopla el viento.

A lo largo de la vida la pareja establece diversos pactos y negociaciones relacionados con las múltiples situaciones que se presentan, todos los cuales, en el fondo, convergen con miras a fortalecer y mantener el compromiso adquirido al decidir compartir su vida. Esos pactos toman forma a través de las palabras, que son el medio por el cual se expresan. Las palabras fluyen del ser que las pronuncia hacia el ser que las escucha. Éste, a su vez, reacciona a ellas, acomoda su vida interna y externa para darles cabida, finca ilusiones y expectativas con base en ellas; es tal su anhelo de creer, que elige no ponerlas en duda. La necesidad de creer en la pareja y en lo que nos expresa sobrepasa infinitamente a cualquier otra, porque reactiva las memorias infantiles de la necesidad de confiar y refuerza las necesidades adultas de encontrar emisores dignos de esa confianza.

Las palabras/compromisos se pronuncian, se reciben, se creen ciegamente y luego, cuando se falla, ¡se rompe el alma! Y el alma se rompe porque al creer en un compromiso nacen expectativas, ilusiones y esperanza. ¡Todo junto! Y todo junto se parte en pedazos con la falla. ¿De qué manera pueden separarse palabras como engaño y traición, del hecho de faltar a un compromiso?... ¡Imposible!

¡Qué gran dolor se le causa a la pareja cuando la palabra no se honra, cuando se ha expresado con irresponsabilidad, sin medir ni prestar importancia a lo que causará en el otro! La irresponsabilidad con la que muchas veces se pronuncian, la ausencia de acciones que las sustenten, la falta de compromiso, sólo conducen a un destino: la pérdida de la confianza. ¿Y hay retorno? A veces... Sólo a veces.

Cuando la misericordia entra en acción se abre un nuevo camino, un nuevo comienzo, una posibilidad. Si una vez más el compromiso se deshonra, sobreviene la muerte total de la confianza. Las oportunidades, después de ofrecerlas una y otra vez, se agotan. Los corazones, después de herirlos una y otra vez, se cierran. Y cuando se llega a este punto difícilmente hay retorno.

Apariencias

Siempre fingiendo,
no fue real.
Escondidos en el deseo,
negociando, hablando por hablar.

Jamás vulnerables,

dos perdidos,

dos que buscan,

dos tocando puertas abiertas

se abrazan, se unen, se funden.

Dos que se traicionan al amanecer

se encierran, se esconden, se ocultan,

se prometen, se engañan,

se despiden con lágrimas de sal.

Atrapados quedan en la bruma.

Recuerdos vagos de su pasión fingida que nació muerta.

… Vuelve a morir…[1]

Con su complejidad y su trascendencia, el compromiso —como cualquier diamante— presenta mil facetas; todas deslumbrantes, todas rebosantes de belleza. En el fondo de ellas —amalgamándolas— está el vínculo invisible y fuerte que lo creó, lo alimenta y lo sustenta. Independientemente, más allá del lugar físico que los involucrados ocupan, el compromiso los mantiene unidos. Así, quienes conforman una pareja pueden vivir juntos y pasar las 24 horas del día uno al lado del otro, y no necesariamente estar comprometidos. Pueden también vivir separados, incluso en diferentes países, y estar ligados de forma profunda y verdadera. Muchas parejas lo demuestran. Tal es el caso de mis queridos amigos Adriana y Jaime, que mantienen un compromiso sólido y verdadero como pocos he visto. Así ha sido duran-

---

[1] Poema escrito por CH4, seudónimo del autor.

te 14 años. El lugar que cada uno ocupa en la vida del otro es sagrado, lo ocupan en cuerpo y alma y viven de acuerdo con ello. Las diferencias que puedan tener son sólo eso, y no permiten que destruyan el respeto y la valoración que se otorgan el uno al otro, ni el compromiso que en su día decidieron establecer y mantener.

¿Cómo podría no dar seguridad y gozo saber que quien has elegido como pareja también te ha elegido a ti?

LAS MIL CARAS DE LA AGRESIÓN

Todos conocemos la agresión, la cual se define como una acción violenta que alguien lleva a cabo con la intención de dañar a otro. Se dice que es inherente a la naturaleza humana y su propósito es la supervivencia, tanto física como psíquica. En la medida en que crecemos y nos socializamos, introyectamos la creencia de que la agresión no es aceptable ni bien vista, por lo que aprendemos a reprimirla, enmascararla, evadirla y, en el mejor de los casos, manejarla.

No obstante, algunos la exteriorizan sin control ni tapujo alguno, "vomitándola" violentamente sobre el receptor. Esta conducta es la que identificamos como "violenta" o "agresiva". Sin embargo, también se manifiesta de otras formas que no parecen serlo, que se confunden con olvidos inocentes o accidentes involuntarios, o quizá con simples actitudes candorosas. Se trata de la "agresión pasiva", que resulta tan dañina o más que la explícita y directa, porque en esta última el otro identifica la intención y puede defenderse. En cambio, ante la agresión pasiva el agredido suele sentirse tan confundido que hasta puede experimentar culpa por molestarse con el agresor, o por juzgarlo. Cuando se envía ese mensaje doble y confuso el receptor se perturba. Si parece no haber agresión, ¿cómo o de qué defenderse?

Hay un sinnúmero de formas de agresión pasiva: "olvidar" fechas o asuntos importantes para el agredido; causarle algún problema o dañar "accidentalmente" un objeto preciado para él; ridiculizarlo en público o hacer bromas pesadas sobre su persona; llegar tarde a una cita haciéndolo esperar por largo tiempo, etc. Y una brutal y cruel forma de agresión pasiva la constituyen el silencio y la indiferencia.

El caso que a continuación expongo es un claro ejemplo de esta dinámica.

Camila era una mujer madura, inteligente y atractiva. Alberto tenía las mismas características. Ella, divorciada 25 años atrás, durante ese lapso fincó una sólida y exitosa trayectoria profesional que le generaba muy buenos dividendos. Alberto, divorciado dos veces, estaba en el proceso de terminación de una muy patológica relación de unión libre de nueve años, en la cual el tema del dinero siempre fue una fuente de conflicto.

Camila y Alberto se enamoraron profundamente y decidieron vivir juntos. Maduros como eran, no esperaron mucho para dar este paso, ya que ambos afirmaban que sabían muy bien lo que querían, y era estar juntos. Alberto vivía al día. A sus 61 años no tenía logros en el aspecto económico: ni una propiedad, ni dinero ahorrado, ni un seguro médico, ni patrimonio alguno. Por su parte, Camila, como fruto de su arduo trabajo y su capacidad, tenía propiedades y un sólido patrimonio. Aun así, era sencilla y generosa.

A ella no le importó la marcada diferencia financiera entre ambos, porque apreciaba enormemente las valiosas cualidades que veía en Alberto. Él había alcanzado logros extraordinarios en otras áreas de la vida que Camila apreciaba en todo lo que valían y que lo convertían en un hombre admirable a sus ojos. Además, consideraba que había muchas formas de aportar a la relación y no todas tenían que ver con dinero. Por tanto, no tuvo problema alguno en proponerle que dejara la casa que rentaba y se mudara a su agradable departamento, en el cual hizo los ajustes necesarios para dar cabida a su amado y sus pertenencias. Hacerlo sentir bienvenido a su nuevo hogar —el de ambos— fue prioridad para la enamorada mujer. Alberto propuso cubrir los gastos mensuales, ya que ella pondría la vivienda. Ambos estuvieron de acuerdo.

Al principio la relación marchaba de forma excelente. Disfrutaban de una convivencia maravillosa en todos los sentidos; compartían actividades, amistades y gustos, a la vez que respetaban sus necesidades mutuas y sus asuntos individuales. Alberto, con un historial de relaciones conflictivas, repetía una y otra vez que nunca había tenido a una mujer tan sana emocionalmente ni se había llevado tan bien con una pareja. Por su parte, Camila consideraba que todos los años de esperar a un buen hombre con quien compartir su vida valieron la pena para estar ahora con Alberto, a quien amaba y valoraba inmensamente. Él insistía en que quería que envejecieran juntos y que dedicaría su vida a cuidarla, amarla y compartir con ella. Camila le correspondía al cien por ciento.

Alberto la presentó a su familia, a sus amigos y a todas las personas importantes para él. Camila hizo lo mismo. Ambos vivían la relación de pareja de sus sueños.

En un momento dado, Alberto comenzó a cambiar. Muchos de sus comentarios giraban alrededor del dinero y con resentimiento repetía una y otra vez: "A mí no me importa el dinero". Camila nunca le mostraba —mucho menos le presumía— a cuánto ascendían sus ingresos, que eran infinitamente mayores que los de él; sin embargo, era imposible ocultarlo y fácil deducirlo, debido a las contrataciones y actividades profesionales que realizaba.

Alberto se mostraba cada vez más resentido y su discurso de que a él no le importaba el dinero comenzó a ser casi obsesivo. Empezó a actuar con una fuerte agresión pasiva hacia Camila: la dejaba con la cena preparada para ir a cenar con amigos sin avisarle; le mostraba mala cara desde el amanecer hasta el anochecer; pasaba muy poco tiempo con ella, y —lo que resultaba más doloroso— la ignoraba cuando hablaba, manteniendo un silencio y una indiferencia que hacían realmente pesada la convivencia para Camila.

Ella le proponía que hablaran, que solucionaran lo que fuera que estuviera pasando, que lo superaran, pero él mantenía su postura de soberbia, orgullo e indiferencia, sin mostrar interés alguno en resolver el asunto que provocaba que adoptara esa actitud.

Una mañana Camila le dijo que verlo así la hacía dudar de si estaba con ella porque la amaba o porque era cómodo para él. Él tomó el comentario de la peor manera posible. Por más que Camila intentó aclararlo, Alberto eligió quedarse con su interpretación distorsionada y errónea, y contestó que se iría de la casa, que podía pagar una renta. Ella agotó *todas* las posibilidades a su alcance para hacerlo entrar en razón y comprender el contexto en el que externó aquel comentario. Le pidió una y mil veces que no se fuera, le insistió en que solucionaran y dejaran atrás el problema, pero él no pudo —o no quiso— salir de ese estado de orgullo y agresión pasiva que ya se había vuelto parte de su vida cotidiana.

Y se fue…

Su decisión dejó a Camila devastada, porque no sólo dejó el hogar, sino la relación también. Después de sacar sus pertenencias, antes de despedirse, repitió por enésima vez: "A mí no me importa el dinero". Con resentimiento y en tono de reclamo, prosiguió: "Tú tienes cosas y dinero, pero a mí eso no me interesa. Aquí te quedas tú con tus cosas y tu dinero, pero sin mí". Camila, inteligente como era, le respondió: "Pues sí, me ha ido bien y todo es producto de un arduo trabajo; todo me ha costado, nadie me ha regalado nada. ¿Y qué quieres que haga? ¿Que lo tire? ¿Que me sienta culpable? Nunca te he visto hacia abajo; al contrario, sabes que te admiro, te amo y te valoro más allá de las palabras". Pero el orgullo de Alberto prevaleció por encima de las numerosas posibles reacciones que podía mostrar.

Después de su partida hablaron un par de veces. En ambas ocasiones él volvía sobre lo mismo: que ella tenía y él no, pero que a él no le importaba el dinero. Ante los incrédulos ojos de todos los que la conocieron, aquella hermosa y prometedora relación acabó. ¡Camila luchó tanto por rescatarla! Hasta que desistió en sus intentos, al encontrarse siempre con un muro de orgullo y agresiones pasivas.

Lo cierto es que Alberto era un hombre acomplejado por su limitada situación económica y por su conformismo, característica que se vio confrontada ante el éxito de Camila. Su machismo le impidió soportar que su mujer lo superara tanto en ese sentido. Otro punto importante fue que, acostumbrado a controlar, castigar y manipular a sus ex parejas con darles o restringirles el dinero —como muchos hombres hacen—, no supo cómo funcionar en una relación donde el control que siempre tuvo en este aspecto y que lo hacía sentirse "el hombre de la casa" no estaba en sus manos. Camila nunca tendría que rogarle que le diera dinero para sus artículos de belleza, su ropa y sus cosas personales porque, sencillamente, contaba con recursos de sobra para sufragar esos gastos.

Al final, Alberto quedó atrapado en su machismo, que le hizo intolerable que su mujer gozara de una mejor situación económica y mayor éxito profesional que él.

Ineludiblemente vemos que, en realidad, pese a lo que solía aducir, el dinero le importaba tanto que fue justo por éste que dejó ir a esa valiosa mujer que no le será fácil sustituir.

Con gran frecuencia, cuando alguien es incapaz de hacer dinero opta por decir que éste no le importa. ¡Dios nos libre de los que afirman eso! ¡De ellos hay que cuidarse! La experiencia me lo ha enseñado.

Camila me contó con enorme pena cuánto la lastimaban el silencio y la indiferencia con los que Alberto la trataba. Ignorarla cuando hablaba, no mirarla, no hablarle, no tomarla en cuenta, la lastimaba terriblemente. Todas esas actitudes, además del abandono, fueron la forma en que él *la castigó* por tener lo que él no poseía: el dinero que, según él, no le importaba. El único pecado de Camila fue ser exitosa y próspera... y pagó un alto precio por ello.

Por increíble que parezca, uno de los temas más difíciles de "perdonar" para la sociedad y para la familia es la prosperidad y el éxito que algunos de sus miembros puedan alcanzar. Ello incluso implica que los perciban como traidores. Se requiere tener mucha conciencia y madurez para darse el permiso de ser todo lo que se puede ser, aunque eso provoque en otros —los que no pueden (o no quieren)— envidia o resentimiento.

La siguiente cita, que por error se ha atribuido a Nelson Mandela, pero en realidad corresponde a la reconocida autora Marianne Williamson, describe de manera hermosa la situación que acabo de mencionar.

Miedo a brillar

Nuestro más profundo miedo no es el de no poder responder adecuadamente.

Nuestro más profundo miedo es que somos poderosos más allá de cualquier medida.

Es nuestra luz, no nuestra oscuridad la que nos asusta.

Nos preguntamos a nosotros mismos: ¿quién soy yo para ser brillante, talentoso, glorioso?

De hecho, ¿quién eres tú para no serlo?

Eres un hijo de Dios. Tu rol de pequeñez no le ayuda al mundo.

No tiene nada de brillante el empequeñecerte para que la demás gente no se sienta insegura alrededor tuyo.

Nacimos para hacer manifiesta la gloria de Dios dentro de nosotros mismos.

Esta gloria no reside sólo en algunos de nosotros, sino en cada uno.

Y al permitir que nuestra luz brille, inconscientemente les damos a los demás el permiso para hacer lo mismo.

Al liberarnos de nuestros propios miedos, nuestra presencia libera espontáneamente a los demás.

LA PAREJA "TROFEO"

Esta dinámica es muy común: relacionarse con alguien que representa un trofeo que se ha conseguido. Una persona a quien el "ganador" considera de alguna forma notable, extraordinaria, excepcional, bien sea por su gran belleza física, fama, éxito profesional, fortuna o admirables rasgos de personalidad. Con frecuencia, el único mérito del "trofeo" se limita a ser muchos años menor que su conquistador/a.

Tanto hombres como mujeres pueden interesarse en conquistar parejas "trofeo" o en ser uno. El que dicho trofeo sea menor, mayor o extraordinario da igual, ya que las motivaciones e interacciones de esa relación serán las mismas en cualquier caso. Así pues, detrás de este tipo de relaciones se esconde una variedad de dinámicas y realidades que, por su carácter sugestivo, vale la pena revisar.

En primer lugar, el objetivo de conquistar un trofeo es presumirlo y lucirlo ante los demás. Eso hace sentir superior y valioso al conquistador, quien adolece de baja autoestima y complejos de inferioridad que pretende compensar al tener como pareja a esa persona extraordinaria. Parece querer decirle al mundo: "¡Miren qué especial soy, conquisté a esta persona! ¡Soy mejor que ustedes!" No obstante, por extraño que parezca, ni el conquistador ni el trofeo se sienten realmente satisfechos, pues su relación y su satisfacción dependen de la opinión y la admiración de los demás, y no de una unión verdadera y profunda entre ellos. Por tal motivo, en este tipo de relaciones suele haber resentimiento y una sensación de carencia en la intimidad emocional y física, emociones que surgen a plenitud cuando están solos, y parecen desvanecerse como por arte de magia cuando se encuentran con otras personas, ante quienes se muestran como la pareja ideal y perfecta.

Con el tiempo, el resentimiento y la insatisfacción crecen y se presentan la desilusión y las expectativas rotas. La razón es que el conquistador comienza a ver que, después de todo, el trofeo es un ser humano como muchos otros, y éste se cansa de verse obligado a mantener esa "perfección" que su pareja espera para seguir presumiéndolo ante los demás.

Por otra parte, el conquistador sigue un proceso realmente interesante: al principio le muestra a su trofeo su admiración y veneración de una y mil formas, pero al mismo tiempo está resentido y molesto, justo por esas cualidades extraordinarias de su pareja. Dicho de otra forma, la admira por lo que ha logrado, lo que es o lo que tiene, pero, a la vez, la "odia" por ello. Es como si en el fondo sintiera rabia de tener que depender de las cualidades de su trofeo para darle valor a su persona. Como si en el fondo le carcomiera la envidia por no tener lo que su trofeo sí tiene.

Por todo lo anterior, con el paso del tiempo el conquistador comienza a desvalorizar y minimizar esas cualidades de su trofeo que un principio alababa y veneraba. Pareciera que, en realidad, el objetivo de esta desvalorización fuera "bajarlo del pedestal" en el que él/ella mismo(a) lo puso. Debido a que siente celos, envidia o resentimiento, el conquistador lo "odia" cada vez más por aquello que al inicio le cautivó.

He conocido múltiples casos de parejas "trofeo". Por ejemplo, cuando me invitan a impartir una conferencia, con frecuencia me encuentro con que la esposa del ilustre caballero que preside la importante compañía, que ocupa el alto puesto ejecutivo o posee la fama, se presenta ante mí diciendo: "Mucho gusto, Martha Alicia, soy la esposa de…", Y yo le pregunto: "Pero ¿cómo te llamas?" Es claro que su identidad y su valor están en función de ser la esposa de…

En una ocasión fui invitada a un elegante coctel con gente muy prominente en diversas áreas. Ahí se encontraba un hombre con una esposa extremadamente bella y llamativa, lo cual se acentuaba aún más por su revelador vestuario y los diversos y obvios "arreglos" en su curvilíneo cuerpo. El hombre se desvivía en arrumacos a la vista de todos y paseaba por el lugar luciendo a su despampanante mujer que, sin lugar a dudas, era la más atractiva de todas las presentes. ¡Pero la vida les jugó una broma! De pronto entró en el salón una mujer libanesa de una belleza extraordinaria, ¡y toda natural!, que como por arte de magia opacó a la susodicha en segundos. La recién llegada acaparó las miradas de todos los asistentes, hombres y mujeres por igual, aunque seguramente por diferentes razones. Breves minutos después, el hombre que antes lucía orgulloso a su trofeo se puso serio y su actitud hacia su esposa cambió radicalmente. Dejaron de pasearse… Por su parte, ella se vio molesta el resto de la velada y ambos se mantuvieron distantes entre sí y con los demás. Ella porque ya no era la más hermosa, él… por la misma razón.

Pero, por favor, no me malinterpretes: una cosa es valorar a la pareja y sentirse orgulloso/a de él/ella —lo cual representa una deseable y saludable conducta que fortalece la relación— y otra muy distinta es considerarla un "trofeo". En este caso, siempre se le presume con exageración, y esto es lo que marca la diferencia, tal como veremos en el caso siguiente.

Alberto y Camila se enamoraron. Ella tenía sus buenas razones para estar orgullosa de sí misma, pero Alberto —a quien conocía desde antes de formar una pareja, porque él era famoso— la deslumbró. En cuanto iniciaron la relación, Camila comenzó a presumirlo con todos sus conocidos. Buscó a amigos con quienes no tenía contacto desde hacía 20 o 30 años, y a personas con quienes no había tenido relaciones profesionales durante todo ese tiempo. A todos les contó de su relación con ese maravilloso hombre que no necesitaba presentación porque prácticamente todos sabían de quién se trataba, por lo cual felicitaban a Camila. Poco tiempo después sucedió justo lo que mencioné en párrafos anteriores: ella comenzó a sentirse molesta, resentida y fría en la intimidad, aunque en público se mostraba como la más amorosa y feliz de las mujeres.

Como dije, la peculiar actitud de Camila —su urgencia de buscar a personas con las que no tenía contacto hacía décadas— no se debía a su interés por reanudar la amistad o los lazos profesionales, sino a su deseo de presumir ante ellos el trofeo que había conquistado. Su relación transitó por el camino ya descrito, causando a ambos gran malestar emocional.

Es normal y sano sentirnos orgullosos de nuestra pareja, pero en una situación saludable eso no nos hace sentir la imperiosa necesidad de presumirla ante los demás.

Conozco a una distinguida dama de alrededor de 80 años que cuando era muy joven fue esposa (una de varias) de un hombre conocido, admirado y amado en el mundo entero. Hasta esta fecha, cada vez que asiste a un restaurante o a un acto social o cultural busca la manera de que se anuncie por el altavoz que ahí se encuentra la señora… que fue esposa de… Entonces se levanta y saluda con el ademán de una reina. Los presentes le otorgan miradas y aplausos que sin duda le evocan recuerdos de glorias pasadas. Yo siento tristeza por esta dama que ha fincado su identidad y el sentido de su vida en la relación que tuvo hace décadas con semejante personaje. ¡Un verdadero trofeo!

En otros casos, tanto el hombre como la mujer son trofeos por lo famosos, ricos, atractivos o especiales. En tales situaciones, puede generarse una lucha de poder y competencia entre ambos que termina por desgastarlos y provocar numerosas peleas y agresiones de cualquier tipo. Eso sucedía con Elizabeth Taylor y Richard Burton, por mencionar un caso muy conocido.

Puede ser maravilloso tener una pareja de esas que se consideran un trofeo, pero hay que ser muy maduro/a para dejarla ser lo que es, valorarse a sí mismo por lo que uno es, y además, sentirse orgulloso/a de ella/él.

LOS DESTRUCTIVOS JUEGOS DEL EGO

LA DESCALIFICACIÓN

Pocas cosas en la vida me parecen tan desagradables e incómodas como escuchar a una persona que, frente a otros, descalifica a un ser querido, más aún si se trata de su pareja.

Hace unos días sostuve una breve conversación con una pareja conocida que encontré en el supermercado. El hombre descalificaba cada comentario de su mujer con un tono de voz que si lo pusiéramos en palabras diría: "¡Qué tonta, qué ignorante, qué estúpida!" En un momento dado la mujer dijo: "Mejor me callo", con un lenguaje no verbal totalmente congruente con sus palabras.

Descalificar no sólo significa contradecir, sino también minimizar, desacreditar, desaprobar, mandar el mensaje de "Tú no sabes, no puedes, no eres capaz", con lo que se ridiculiza y humilla a la persona. Es una prueba inamovible de que el otro es inferior e implica tomar la decisión de hacérselo saber en cualquier oportunidad que se presente.

En la vida privada de algunas parejas la descalificación es parte de la vida cotidiana. Sin importar qué se haga, decida o exprese, quien la sufre recibirá el látigo de la crítica y el juicio, que son los hilos con los cuales se teje la descalificación. Y ésta, a su vez, es una cara de la soberbia que parece afirmar: "Yo soy mejor que tú".

Sobra decir lo mucho que esta actitud lastima y destruye el alma de la pareja. Por puro instinto de supervivencia emocional, todos intentamos mantenernos alejados de quienes, en lugar de valorarnos, nos descalifican. Si la pareja es quien lo hace, la interacción —por lo incómoda que resulta— se vuelve cada vez más escasa, la disposición más débil, el resentimiento más grande y poco a poco se cierra el corazón.

Mi experiencia profesional y personal me ha enseñado que ciertos temas de descalificación parecen presentarse más comúnmente en las mujeres que en los hombres. Con frecuencia, como ya mencioné, la mujer descalifica a su hombre en lo relacionado con la forma en que éste educa a sus hijos, suponiendo que los conocimientos de ella al respecto son más y mejores. El tema de descalificación de los hombres hacia las mujeres suele ser… cualquiera.

Sea cual fuere dicho tema o la manera de aplicar la descalificación, ésta forma parte de la manifestación de un común y destructivo juego del ego, que al implicar la convicción: "Yo soy mejor que tú", despoja al descalificado de cualquier brizna de esperanza de ser valorado. Y no serlo es una de las carencias más hirientes y destructivas en una relación.

La batalla entre la víctima y el verdugo

Camila y Alberto llegaron a consulta con la intención de quemar el último cartucho en un intento por reconstruir su relación, la cual estaba en ruinas. Nunca entenderé por qué la gente espera hasta el último aliento para enfrentar sus problemas. Sin importar de qué tipo son, por lo general se espera hasta que el hilo esté a punto de reventar y el desastre a punto de aparecer para hacerles frente.

Pues bien, la cantidad e intensidad de las ofensas que a lo largo de sus 12 años de matrimonio se habían infligido el uno al otro eran inmensurables. Camila, tremenda agresora directa y abierta. Alberto, tremendo agresor pasivo, atributo del que hasta hacérselo saber en la consulta no se había dado cuenta.

Camila era muy controladora y grosera, con una lengua que sin tapujo alguno y a todo volumen vomitaba toda clase de humillaciones y ofensas verbales hacia su esposo, con las que a diario destrozaba su masculinidad y su autoestima. De sólo escucharlas dolían los oídos. Alberto se las había cobrado una a una de muchas maneras; por ejemplo, le negaba atención sexual y le hacía suplicar por ella, "olvidaba" su cumpleaños, arruinaba el regalo de Navidad que "por accidente" se le había mojado, entre otras.

La vida de Camila y Alberto era así: ella, muy hábil para los negocios, prácticamente se encargaba de generar el ingreso de la familia, en tanto que en ese aspecto Alberto era pasivo y se movía bajo la sombra de su proactiva esposa. Con frecuencia carecía de empleo, y al parecer esto no le quitaba el sueño, porque ahí estaba Súper Camila para resolverlo todo.

Es fácil entender que a ella esta situación la desesperaba y que él, apabullado por el yugo de la constante crítica y descalificación de parte de su mujer, se entorpecía cada vez más, no sólo en el tema financiero, sino en todos, incluso en el sexual. Las expresiones favoritas de ella para dirigirse a su marido eran: "Eres un bueno para nada, poco hombre, inútil, ni siquiera para esto sirves" (refiriéndose a su desempeño sexual).

¿Cómo puede la gente vivir en relaciones de este tipo durante años? Siempre me lo pregunto. La respuesta la encuentro en las "ganancias secundarias" que obtienen. Es decir, las mil y una formas en que "les conviene" seguir juntos. De entrada, esta idea causa rechazo y sorpresa, pero en la medida en que revisamos el asunto con honestidad y profundidad, encontramos su indudable veracidad.

Una vez que Camila y Alberto acabaron con su lista de quejas sobre el otro, llegó el fascinante momento de la verdad. Le pregunté a cada uno: "¿Por qué lo toleras?" "¿Por qué sigues en esa relación al lado de ese 'monstruo' que tanto te hace sufrir?" La primera reacción que la mayoría de las personas asume ante semejante pregunta es: "Por mis hijos", "Porque lo/a amo", etc. Puras maravillas. Pero es necesario confrontar la falsedad de estas afirmaciones. Si realmente los hijos importaran tanto, al punto de tolerar por ellos una relación en la que se es tan infeliz, entonces se intentaría asegurarles a toda costa una vida más agradable, en lugar de hacerlos sufrir todos los días la tremenda angustia que les causa escuchar y presenciar los constantes pleitos y ofensas entre sus padres.

En muchas ocasiones me ha tocado escuchar a hijos que presionan a uno de sus padres, o a ambos, para que se separen, porque la vida a la que los someten es insoportable. Entonces, no nos engañemos... por los hijos no es.

La segunda respuesta favorita de la mayoría: "Porque lo amo", ¡suena tan falsa en medio de las mutuas agresiones y odios cotidianos! Con frecuencia confundimos el amor con la enfermedad, llámese codependencia o de cualquier otra forma.

Cada pareja, y cada miembro de ésta, tiene su propia respuesta ante la pregunta: "¿Por qué lo toleras?"; es decir, sus propias ganancias secundarias para permanecer inmersos en esa situación. En el caso del que hablo, las de Alberto eran, principalmente, la comodidad financiera que representaba estar con una mujer que resolvía todo lo relativo al tema. Un hombre pasivo y perezoso se siente muy cómodo al lado de una mujer como Camila. Si se separara, no sería capaz siquiera de pagar la renta de un departamento. A él no le costó demasiado reconocer sus ganancias secundarias. Pero Camila se resistió con uñas y dientes a admitir las suyas, aferrándose a la montaña de mecanismos de defensa que construyó para no ver su realidad y seguir empecinada en su postura de víctima. Habría que ver las respuestas que argumentaba ante cualquier confrontación mía y la manera en la que se defendía.

Mantenerse en la postura de víctima es muy cómodo, porque lleva a la persona a convencerse de que el otro es el malo y el absoluto responsable de lo que le sucede.

La realidad es que Camila necesitaba a su lado a un hombre como Alberto para tener a quién mandar, a quién controlar y sobre quién volcar la inmensa amargura y el odio que había acumulado a lo largo de su vida. Un hombre más sano no le soportaría sus malos tratos; un hombre más proactivo, tampoco. Alberto era, pues, el ser perfecto para sus enfermizas necesidades.

¡Qué difícil resulta para algunos reconocer estas verdades, y qué sanador el hacerlo! Permite asumir la propia responsabilidad en el problema y darle un nuevo enfoque: en lugar de sentirse víctima, la persona reconoce que todo eso que "le hacen" (y tolera) es el precio que paga por lo que obtiene (sus ganancias secundarias). Bajo esta perspectiva, ya no hay víctima ni verdugo, sólo dos seres que bailan la misma danza... hasta que decidan dejar de hacerlo, si es que ese momento llega. Dejar de hacerlo implica separarse, o bien, trabajar en sanar su relación, lo cual muy pocos están dispuestos a hacer. Algunos optarán por la primera alternativa, otros por la segunda, en tanto que algunos más seguirán sumergidos en su infierno por el resto de su vida. Separarse sin trabajar en sanarse a sí mismo sólo propiciará que se repita el patrón con la siguiente persona con quien se forme una pareja. Únicamente el trabajo personal permitirá realizar los cambios necesarios en la relación ya existente, o romper el patrón para no seguir repitiéndolo en relaciones posteriores, si fuera el caso.

Algo sí queda claro: una vez que reconocemos nuestras ganancias secundarias es imposible seguir como estábamos, aunque eso no necesariamente significa un movimiento hacia la salud. Pueden suscitarse dos posibles reacciones: reconocerlo, asumir la propia responsabilidad de los problemas y, entonces sí, lograr moverse hacia la salud, o levantar más mecanismos de defensa para mantener la actitud de víctima. ¡Y se vale! Lo que no se vale es seguir quejándose.

LAS LUCHAS DE PODER

La corriente de terapia sistémica establece que existen dos tipos de pareja: la complementaria y la simétrica. La primera, como su nombre lo describe, estaría compuesta por personas que son muy diferentes entre sí y por lo mismo se completan y equilibran. La segunda la constituyen personas muy similares en rasgos significativos de personalidad, similitud que las puede llevar a crear constantes luchas de poder. Éstas se manifiestan de muy diversas maneras, pero su común denominador es la necesidad de vivir en eterna competencia, y por supuesto, de ganarlas todas. ¡Qué desgastante!

> Camila y Alberto eran competitivos hasta un extremo absurdo. Ella, que siempre fue esbelta, había subido 15 kilos en los últimos cinco años. Él, con la mayor prudencia que podía mostrar, de vez en cuando le decía que para él su apariencia era importante. En su interior, Camila deseaba recuperar aquella figura que tanto añoraba, pero acallaba esa voz que le suplicaba hacerlo, pues eso significaría darle gusto a Alberto. En su distorsionada ilusión, si bajaba de peso él ganaría esa batalla, algo que de ninguna manera le concedería, aunque eso implicara dañarse a sí misma al mirar cada día al espejo esa obesa figura que tanto le desagradaba.

Cuando soy testigo de situaciones tan absurdas como ésta viene a mi mente mi maestra Ema, de quinto de primaria, que nos contaba la historia de un loco que decía: "¡Pues no como, amuélese quien se amuele!"

Otras formas que asumen estas luchas de poder pueden relacionarse con logros profesionales, el cariño de los hijos, la popularidad con los amigos, ser dueño de la mejor opinión y cualquier otro tema que la imaginación conciba. Como mencioné, el meollo de esta dinámica es la necesidad de ganar y, con ello, sentirse mejor que el otro.

En este tipo de relación se manifiesta con completa niti-
dez una dinámica de pareja que, al igual que otras de su tipo,
garantiza un camino seguro hacia el sufrimiento y el fracaso: gran dificultad para pedir perdón, para tomar la iniciativa rumbo a la resolución de un disgusto, para dar el primer
paso hacia la armonía y la reconciliación. Estos actos se consideran la pérdida de la batalla, cosa que en modo alguno
se permitirá ninguna de las partes.

Camila me recitó una larga lista de quejas sobre las miles
de cosas que su esposo, quien no estaba presente, debería
hacer por ella y no hacía: ser cariñoso, decirle palabras amorosas, expresarle su aprecio y agradecimiento por toda la
labor y la aportación de Camila a la familia, reconocerle sus
cualidades, y mucho más. Le pedí que describiera por escrito todas las conductas que tanto deseaba que su marido
adoptara, y cuya ausencia tanto le molestaba. Acto seguido,
le pedí que leyera una por una, lo cual hizo con un tono de
voz y una actitud que parecían sacados de una telenovela.
　　En seguida la cuestioné:
　　—¿En verdad te gustaría que tu esposo hiciera todo eso?
　　—¡No te imaginas cuánto! —respondió.
　　—Pues bien… —repliqué—. A partir de mañana tú vas
a comenzar a hacer por él todo eso que está en tu lista: ser
cariñosa, decirle palabras amorosas, expresarle cuánto apre-
cias y agradeces lo que se esfuerza por la familia, recono-
cerle sus cualidades, etcétera.
　　Su reacción me impresionó, aunque no me sorprendió.
　　—¡Ah, no! ¿Y por qué yo?
　　—¿Y por qué él? —pregunté de nuevo.
　　—¡Es que no me nace! —insistió—. ¡Seguro que a él
tampoco! Pero ¿estás convencida de que debería?…

—¿Quién va a comenzar entonces? ¿Quién va a romper esta inercia de orgullo? ¿Quién va a mover los engranajes de esta relación estancada e insatisfactoria? —la cuestioné.

Su respuesta fue breve:

—Lo voy a pensar…

Si ninguno de los miembros de una pareja está dispuesto a ser el primero en disculparse, ni el primero en apreciar y reconocer las cualidades del otro, ni en dar el primer paso para expresar consideración y actos de amor, ¿cómo van a salir del lugar donde se encuentran? ¿Quién comenzará? "Empieza tú a pedirme perdón, a ser amoroso/a, a darme reconocimiento, y luego yo sigo", parece ser la ley que rige a estas parejas. Y, atrapados en esa eterna espera, ninguno toma la iniciativa.

LAS PROYECCIONES NO RECONOCIDAS: TU PAREJA, TU ESPEJO

La proyección es un mecanismo de defensa que consiste en atribuir a otros lo que pertenece a uno mismo, ya sea un deseo, una carencia, un sentimiento o un rasgo de personalidad. Su función es evitarnos el experimentar sentimientos desagradables como angustia, culpa, vergüenza, temor, entre otros, al reconocer en nuestro ser algo que nos pertenece pero nos desagrada. Por ello, consideramos que lo mejor es atribuírselo a otros.

La proyección, como otros mecanismos de defensa, es una estrategia que se dispara de manera inconsciente y se presenta en todas las personas y en todo tipo de relación. La única diferencia entre una persona madura y sana, en términos psicológicos, y una que no lo es, es que la primera está consciente de sus proyecciones y dispuesta a reconocerlas cuando se presentan. La segunda no lo está en absoluto.

En mi libro *Tu hijo, tu espejo*, ya mencionado, presento de manera amplia y profunda las diversas caras que asume la proyección en la relación entre padres e hijos. Es por demás importante revisar este tema aquí, en el contexto de la relación de pareja.

Pues bien, una de las caras de la proyección más difíciles de reconocer es la envidia, la cual suele encontrarse detrás de muchas de las críticas, quejas, reclamos y juicios hacia la pareja. La envidia es la proyección de las propias carencias; es ver en el otro algo que se quisiera tener y no se tiene: su capacidad de expresar lo que desea; su fortaleza e iniciativa; su habilidad para tomarse la vida con calma; sus oportunidades para hacer lo que le gusta; su infancia que fue cómoda y agradable; su familia que es unida y amorosa; su atractivo físico, y una infinidad de razones por las que podría envidiarse a la pareja. A veces se trata del simple hecho de que su empleo le permite viajar y/o realizar actividades agradables, que contrastan con la aburrida e insatisfactoria vida del otro/a.

Cuantos más años tengo, más me convenzo del poder sanador que nos trae tener la capacidad de reconocer cuándo sentimos envidia, porque ésta es una mensajera del alma que nos muestra, en pantalla gigante, las áreas de nuestra vida que requieren atención.

Otra faceta de la proyección consiste en que en innumerables ocasiones vemos en el otro defectos que no hemos asumido como propios, es decir, que no hemos reconocido que también los tenemos. De tal forma, la pareja funge como un espejo de cuerpo entero donde nos miramos a nosotros mismos.

Si bien la proyección es normal e inevitable, cuanto mayor sea nuestro autoconocimiento y mayor nuestra disposición a reconocer las propias virtudes y defectos, mayor también será la conciencia de la presencia de este mecanismo de defensa, cuando ocurre. La negación del mismo representa un camino seguro hacia los conflictos y la infelicidad en una relación de pareja, ya que dificulta y reduce al mínimo la probabilidad de ser capaces de manejar los conflictos de forma sana y madura.

Mi propuesta es: cada detalle que te moleste de tu pareja, búscalo en ti mismo/a con base en las siguientes reflexiones:

- ¿Me molesta porque le tengo envidia?
- ¿Porque yo también hago esas cosas?
- ¿Porque tengo ese mismo defecto o rasgo de personalidad?

Madurez y humildad son, sin duda, factores indispensables para llevar a cabo esta tarea. Y hacerlo implica ser capaz de asumir la responsabilidad de uno mismo, de la propia historia que nos ha llevado a ser lo que somos, y de nuestra decisión de hacer cambios, o no, asumiendo sus consecuencias.

Es válido elegir quedarse como se está, es válido elegir no asumir la propia responsabilidad en la creación y la solución de los problemas… Lo que entonces ya no se vale, insisto, es quejarse.

Parte 4

Fortalecer la relación

Capítulo 8

Conductas que fortalecen la relación de pareja

Después de lo que hemos visto en los capítulos anteriores, bien podríamos concluir que para fortalecer la relación de pareja lo recomendable es, en pocas palabras, hacer lo contrario de lo planteado con anterioridad. Y, en efecto, ése es un camino muy aconsejable.

No obstante, considero de suma importancia ocuparnos en encontrar los "cómos", para aplicar estas recomendaciones en el día a día con la mayor objetividad posible.

Una condición sin la cual no se consigue tener armonía en la relación es la de tener la disposición de asumir la responsabilidad de la historia personal con la que entramos en ella. Nuestra historia está compuesta por todas las experiencias vividas y las secuelas, sanas o no, que nos han dejado. El bagaje que se lleva a una relación es responsabilidad de cada uno de los miembros de la pareja y el otro no está obligado/a a resolverlo ni cargarlo.

Una pareja que atendí hace un par de días es un fiel ejemplo de esta situación.

Alberto fue un niño invisible que adoptó el papel de "héroe" para compensar y volverse visible. Así pues, se convirtió en un empresario muy prestigiado y exitoso. Camila, bastante equilibrada e inteligente, presentó sus problemas maritales de manera objetiva y madura, y en todo momento alabó las cualidades de su esposo como hombre y su gran capacidad como empresario. Luego, cuando él habló, se expresó como un niño enojado y herido, reclamando con voz entrecortada y lágrimas en los ojos que su esposa no reconocía sus logros profesionales ni de otro tipo, y que más bien fue el gerente de su empresa quien días atrás le comentó que era un director y empresario excepcional.

Como era de esperarse, Camila protestó, diciendo que todo el tiempo se lo reconocía, que incluso acababa de hacerlo. Alberto no había escuchado siquiera esas palabras de su esposa y yo tuve que confirmar que en efecto lo hizo para que él lo creyera, pues no lo registró.

Fue muy difícil para Alberto entender que nadie sino él mismo podría llenar ese hueco en su interior, esa necesidad insaciable de reconocimiento que le impedía recibir e internalizar el reconocimiento de los demás. Sólo hasta que trabajara con ese niño invisible, enojado y herido, le sería posible funcionar como un adulto ante estas circunstancias, y no como el niño lastimado que saltaba ante el primer inconveniente (conducta que dificultaba mucho imaginar que en efecto era un reconocido empresario).

Las heridas no sanadas, la falta de responsabilidad ante ellas, la soberbia, el control, la posesividad, las luchas de poder, los juegos del ego, y todos los aspectos vistos en capítulos anteriores como causantes de la transformación de una mujer en bruja y de un hombre en bestia, terminan por destruir la relación que en un principio parecía sólida e inquebrantable.

¿Es posible evitar que eso suceda? ¿Se puede mantener una relación de pareja en términos de respeto y amor a lo largo de los años? Muchas personas nos demuestran que sí. Que a pesar de sus limitaciones y defectos, y de las altas y bajas propias de la vida, son capaces de mantener una relación satisfactoria y feliz. Cuando se alberga el deseo de estar juntos, y la convicción y el compromiso de hacerlo, todo lo demás es susceptible de ser solucionado.

De aquí surge otro cuestionamiento: cuando una relación se ha deteriorado, cuando la mujer se ha convertido en bruja y el hombre en bestia, ¿es reversible la situación? Yo creo que todo es posible. Si ambas partes están dispuestas a trabajar en su relación, buscan ayuda profesional de ser necesario, se comprometen a respetar los acuerdos y las decisiones tomadas en favor de un cambio positivo, sí se puede. Y como parte de este proceso de cambio es indispensable comprender que hay que trabajar en sanarse a sí mismo. Bien dicen que para resolver los temas de pareja el primer paso es resolver los temas personales.

Por desgracia, la realidad nos muestra día a día que pocos tienen esa disposición. En dicho escenario, el pronóstico cambia radicalmente. Una relación desgastada y maltrecha, en la que se ha faltado al compromiso, se ha traicionado, se ha mentido y se ha agredido, difícilmente puede reconstruirse. En primer lugar, porque es muy probable que desde el principio no haya sido sólida y, en segundo lugar, porque sin la voluntad y la disposición de ambas partes no hay manera de lograrlo.

La disolución de una relación es muy dolorosa, aun cuando a la larga resulte saludable y conveniente. Tendrá que vivirse un duelo, con todos los sentimientos devastadores que éste conlleva. Como consecuencia, muchos permanecen juntos para no sufrir el dolor de la ruptura, aunque, paradójicamente, el dolor que intentan evitarse lo viven cada día, justo por mantener esa relación de amargura y sufrimiento que han construido.

Hay quienes se vuelven adictos a las discusiones, a los gritos, al sufrimiento, porque sólo así se sienten vivos y porque no saben cómo existir sin todo ello. Otros se arrellanan en la comodidad de lo conocido, lo rutinario, lo aburrido; éstos son quienes se resisten al cambio, quienes sienten una pereza tremenda ante la idea de incomodarse por modificar sus conductas y cualquier parte de su vida. Por consiguiente, optan por quedar igual, sin separarse, aunque sin trabajar en mejorar su relación; ni siquiera se molestan en cambiar alguna conducta. Aunque no sean felices, eso es mejor que molestarse en cambiar o en caminar hacia cualquier dirección. Ésos son quienes menos derecho tienen de quejarse.

Pero también están los otros, aquellos con la madurez y la valentía de reconocer que hay cosas que deberán cambiar; quienes valoran y honran su relación, y consideran que vale la pena esforzarse por cuidarla para que perdure sana y fuerte, o de reconstruirla si se ha deteriorado. Para ellos van las siguientes propuestas, que son lineamientos dictados por el sentido común, pero que a menudo olvidamos, o minimizamos, por ser tan sencillos.

El doctor Edward Bach, descubridor de los remedios florales llamados "Flores de Bach", decía que a los seres humanos nos encanta complicar todo, y cuando algo nos parece simple y fácil, nuestra primera reacción es descalificarlo y considerarlo inútil.

En lo personal, la vida me ha enseñado que, por lo general, la respuesta radica en lo simple; el camino más eficaz es el que me indica el sentido común y, por tanto, el que fluye sin empujones ni forcejeos.

El título del libro de Barry Stevens, *No empujes el río (porque fluye solo)*, me encanta, ya que con esta hermosa metáfora expresa la importancia de la sencillez y del hacer sin forzar: fluir como el río. Alejandro Jodorowsky lo expresa con otra bellísima metáfora: "Recupera tu fe, tus pies son del exacto tamaño de tus huellas. Y esas huellas están ya impresas desde antes de que nacieras, no tienes más que seguirlas".

PROPUESTAS PARA EL FORTALECIMIENTO

Te invito a recibir las propuestas que a continuación presento, fluyendo como el río que sigue su curso natural y confía en su cauce, posando tus pies en cada una de tus huellas que te marcan el camino correcto: el que tu cuerpo y tu alma ya conocen.

ÁMENSE A SÍ MISMOS

> Tú mismo, así como cualquier otro en el universo entero, mereces tu amor y afecto.
> BUDA

Un aspecto que hace que una buena relación de pareja sea tan satisfactoria no es el hecho de que el otro te dé algo que no tienes, sino que puedes ver proyectadas en él o ella las partes más hermosas y luminosas de tu ser. El amor te hace entrar en contacto con lo mejor de ti, y mostrarlo. Y esas hermosas partes de ti siempre estarán ahí; aun cuando el otro abandone la relación, ellas se quedarán porque son tuyas; lo que te pertenece no se pierde. Es posible aprender a activar esas hermosas partes nuestras que surgen cuando estamos enamorados, aun sin tener una pareja o aun cuando ésta no satisfaga nuestras necesidades.

Cuando alguien te ama, en realidad te enseña cómo amarte a ti mismo. Te dice cosas hermosas, te hace bellos regalos, está pendiente de tus necesidades, complace tus deseos, te apoya, te expresa su amor de muchas formas. Lo ideal sería que tú comiences a hacer contigo mismo todo eso que hace quien te ama.

Sabemos, por muchas personas sabias y de muchas maneras, que para poder amar a otros hay que amarse a sí mismo. Esto cobra suma importancia en el seno de la pareja. Lo que no puedes hacer por ti mismo, lo que no puedes darte tú, no podrás hacerlo por otro ni darle a otro, por la sencilla razón de que no lo tienes. Por consiguiente, es recomendable preparar una lista de lo que esperas de tu pareja, y comenzar a dártelo a ti mismo/a desde el día de hoy.

Por otra parte, si te quejas porque a tu pareja no le importan tus necesidades, porque no cumple los acuerdos que hacen, no te valora, te traiciona y te es infiel, no estaría de sobra que revises si tú te haces todo eso a ti mismo.

CONSIDÉRENSE MERECEDORES

> Y para estar total, completa, absolutamente enamorado, hay que tener plena conciencia de que uno también es querido, que uno también inspira amor.
>
> MARIO BENEDETTI

Hace poco me reencontré con una amiga de la infancia a la que dejé de ver 25 años atrás. En un momento de nuestra juventud ella se mudó a otro país y nos perdimos la pista. Durante nuestro muy agradable encuentro me habló de su esposo, con quien ha estado casada desde hace 17 años, y de lo buen hombre que es. "Realmente me saqué la lotería con él, soy muy afortunada", comentó. Le respondí que él también se sacó la lotería con ella y es muy afortunado. Se quedó pensativa unos momentos y me dijo que nunca se le había ocurrido pensar que, en efecto, él también se sacó la lotería con ella.

Con frecuencia olvidamos que merecemos ser amados y valorados por nuestra pareja, incluso he tenido contacto con personas que sienten que al serlo casi se les hace un favor.

El aprendizaje del "merezco" o el "no merezco" comienza desde la infancia. Cuando los cuidados que recibimos de nuestros padres se acompañan del sello de "me lo debes", cuando constantemente los escuchamos quejarse del dinero que gastan en mantenernos y el agobio que padecen al cuidarnos, aprendemos que somos una molesta carga y que no merecemos todos los esfuerzos que invierten para criarnos. Cuando los padres son injustos y no dan lo mismo a todos sus hijos, los no favorecidos aprenden que hay algo en ellos que los hace desmerecedores. El abandono de los padres envía a los hijos el mensaje de que no son tan valiosos como para que valga la pena quedarse a su lado. No cumplirles lo que se les promete o no interesarse en sus necesidades les hace ver que siempre hay otras cosas más importantes que ellos.

El "no merezco" se convierte en una creencia profunda que marcará la vida y las relaciones de quien eso aprende. Hasta que aprenda lo contrario. Entrar a una relación de pareja con semejante creencia muy probablemente conducirá al autosabotaje y a arruinar todo lo bueno para seguir validándola, o a la unión con alguien que la confirme.

DESARROLLEN HABILIDADES PARA COMUNICARSE

> El mayor problema con la comunicación es la ilusión de que tuvo lugar.
> GEORGE BERNARD SHAW

Quizá parezca un tanto absurdo decir que tenemos que aprender a comunicarnos y desarrollar habilidades para ello, pues por lo general suponemos que eso se aprende de manera natural en la vida y desde que comenzamos a hablar. La razón es que consideramos que comunicarse implica sólo hablar y escuchar.

En realidad no es así. Dos o más personas pueden pasar horas hablándose y escuchándose, sin comunicarse. Por fortuna, algunos profesionales se han dedicado a estudiar el proceso de la comunicación y han aportado útiles herramientas para lograr optimizar su calidad lo más posible.

Para comenzar, comprendamos que, además de las palabras, la comunicación conlleva múltiples elementos (algunos muy subjetivos) que la hacen sumamente compleja. Por más que nos esforcemos, es imposible transmitir al otro un mensaje con absoluta claridad, como también lo es interpretar con total fidelidad la intención de lo que el otro nos comunica. Siempre quedará un pedacito de subjetividad que no podremos comprender o transmitir del todo. Expresamos algo y creemos que el otro comprendió su significado total. Escuchamos algo y estamos seguros de que entendimos claramente lo que se nos quiso decir. Después reaccionamos y actuamos en consecuencia.

Pese a la complejidad de la comunicación, es posible desarrollar habilidades para lograr que la nuestra ocurra de la mejor manera posible. Si bien éste es un tema muy amplio sobre el cual vale la pena leer algunos de los muchos libros escritos al respecto, aquí presento lo que considero aspectos que, al observarlos y llevar a cabo los cambios pertinentes, pueden producir enormes avances en nuestra habilidad para comunicarnos. Las siguientes son algunas recomendaciones que te serán de utilidad.

EVITAR EL LENGUAJE SUBJETIVO Y AMBIGUO

Siempre me impresiona ver que la mayoría de las personas usa este tipo de lenguaje, y ni siquiera son conscientes de ello. Lo caracteriza el hecho de que se presta a muchas interpretaciones, ya que las palabras subjetivas y ambiguas significan algo diferente para cada uno de nosotros. Cuantos más de estos términos usemos para expresarnos, más difícil será la comunicación y más se prestará a posibles malas interpretaciones y conflictos.

No des por hecho que el otro entiende exactamente a qué te refieres con lo que dices. Más bien desarrolla el hábito de comunicarte de manera clara y específica. Veamos algunos ejemplos:

Términos subjetivos	Términos específicos
a) No me comprendes	a) Te pido que cuando te hable me mires a los ojos para sentir que me comprendes
b) Necesito que me apoyes	b) Necesito que me ayudes a mover mis macetas
c) Quiero que seas detallista	c) Me gustaría mucho que a veces me traigas un regalito
d) No me expresas amor	d) ¡Abrázame!
e) No te importan mis asuntos	e) Dime qué opinas sobre lo que acabo de contarte

Cuando usas términos subjetivos como los mostrados en la columna izquierda es casi imposible que tu pareja responda a lo que pides, ya que para ti significan algo, y para tu pareja, otra cosa.

Asimismo, es muy conveniente pedir confirmación de lo que tu pareja intenta decirte para que puedas responder a lo que pide. Veamos el siguiente ejemplo:

Te dice:	Respondes:
a) No me comprendes	a) ¿Qué tengo que hacer para que sientas que te comprendo?
b) Necesito que me apoyes	b) ¿De qué manera quieres que te apoye?
c) Quiero que seas detallista	c) ¿Qué te gustaría que haga?
d) No me expresas amor	d) ¿De qué manera necesitas que te exprese mi amor?
e) No te importan mis asuntos	e) ¿Qué necesitas que haga para que sientas que me importan tus asuntos?

El apoyo —por ejemplo— para uno significa solidaridad, y para el otro, algo muy diferente. Por expresiones de amor uno se refiere a abrazos, otro a reconocimiento y gratitud, y uno más a ser tomado de la mano al caminar. Es por todo ello que la claridad cobra tal importancia en el tema de la comunicación. En muchas ocasiones he atendido a parejas cuyos reclamos e insatisfacciones no son motivados por falta de voluntad, sino por falta de claridad e interpretaciones erróneas de lo que el otro pide.

DESARROLLEN LA EMPATÍA

> Mira con los ojos del otro, escucha con los ojos del otro y siente con el corazón del otro.
> ALFRED ADLER

La empatía se define como la capacidad de "ponernos en los zapatos del otro" para poder ver, sentir y percibir una situación desde sus sentimientos y su punto de vista, no con el propósito de justificar su conducta, sino de comprender, sin juicios, sus "porqués". Esto nos lleva a ser compasivos y respetuosos de su historia y sus heridas, ya que, después de todo, todos tenemos algunas. Podemos seguir en desacuerdo, pero al menos comprendemos sus porqués.

De tal modo, si tienes empatía puedes entender lo que tu pareja siente cuando la humillas, te burlas, le niegas atención sexual o la agredes. También puedes comprender de dónde vienen sus limitaciones o incapacidades, que son producto de las heridas de su historia. Tener empatía implica una decisión, y para tomarla se requiere voluntad. Para reunir esa voluntad se precisa madurez, humildad y muchas ganas de proteger el amor y conservar la relación.

RECONOZCAN SUS ERRORES

> Cuando se reconocen, cometer errores sólo
> sirve para ser mejores.
>
> Anónimo

Hace varios años leí un libro que cambió mi vida porque me enseñó a ser asertiva: a poder expresar mis necesidades y deseos, a decir no cuando así lo decido, a poner límites y a reaccionar de forma sana ante la crítica. Su título es *Cuando digo no me siento culpable*, de Manuel J. Smith.

En dicho texto, el autor propone una gran variedad de técnicas de asertividad que realmente funcionan para lograr relaciones más sanas y auténticas entre las personas.

Una de ellas, la que llama "Banco de niebla", es muy útil para aprender que cometer errores no nos hace despreciables y a ser capaces de reconocerlos.

Dice el autor que, ante una crítica, solemos reaccionar dando explicaciones, justificándonos o contraatacando con otra crítica. Él recomienda reaccionar como si fuéramos un banco de niebla, ya que éste:

- ▶ Es muy persistente
- ▶ No contraataca
- ▶ No tiene superficies duras que rechacen las piedras que se le lanzan

▶ Se puede lanzar lo que sea a través de él y no le afecta

▶ No es manipulable

El autor destaca la importancia de reconocer que hemos cometido un error y sentirnos tranquilos ante eso, lo cual es muy difícil por la creencia común de que quien comete un error *debe* sentir culpa. Al modificar nuestra reacción ante ello, la creencia se modifica automáticamente, asegura Smith.

Si simplificamos su propuesta, diríamos que toda crítica tiene una parte de verdad. Hay que aprender a aceptarla, reconocerla y verbalizar dicha aceptación. Por ejemplo:

El esposo critica porque la sopa quedó salada. La esposa, en lugar de contraatacar con otra crítica, justificarse o molestarse, responde: "Tienes razón, quedó salada la sopa. Lo siento".

El esposo llega más tarde de la hora acordada y ya no alcanzarán la función de cine a la que pensaban ir. Cuando ella reclama al respecto, él contesta: "Tienes razón, llegué tarde y ya no alcanzamos la función. Discúlpame. Te invito a cenar e iremos al cine mañana".

Responder de maneras como éstas no sólo nos ayuda a darnos cuenta de que cometer un error no es tan grave, y que reconocerlo puede resultar satisfactorio y tranquilizante; también nos sirve para romper nuestra propia costumbre de ponernos a la defensiva cuando se nos dice algo que no nos gusta.

Cada vez que he practicado esta técnica o la he recomendado a mis pacientes y alumnos me sorprende el efecto que ejerce sobre el otro. Cualquier molestia que haya tenido parece desvanecerse ante una respuesta como las mencionadas, y cualquier riesgo de discusión o de conflicto se desvanece porque no hay de dónde engancharse para crearlo.

RESPETO ANTE TODO

> El respeto es una calle de dos vías; si quieres recibirlo, tienes que darlo.
>
> R. G. Risch

El respeto es un factor indispensable en cualquier relación, y la de pareja no es la excepción. La pérdida del respeto causa profundo daño a los individuos que la componen y al alma de la relación. Y cuando se cruza la línea difícilmente hay regreso.

El respeto es una elección; es decir, es necesario marcar ciertos acuerdos que por ningún motivo se transgredirán, ciertas líneas que de ninguna manera se cruzarán, ciertas fronteras que jamás se derribarán. Traduciéndolo a la vida cotidiana de una pareja, es necesario convenir que tales conductas, palabras y acciones son inaceptables en su relación.

Nunca deja de sorprenderme la fuerza que tiene la voluntad. Y cuando se cuenta con ella se facilita cualquier cambio. Se requiere voluntad para mantener el respeto hacia la pareja, honrar y cumplir los acuerdos, los límites y las fronteras establecidos por ambos. Hay que echar mano de ella para ponernos límites a nosotros mismos y no permitirnos, de ninguna manera, decir o hacer aquello que lastimará al otro y deshonrará los compromisos.

He conocido a algunas personas con una voluntad admirable, quienes ante un error prometen: "Perdóname, no volverá a suceder", ¡y lo cumplen! ¿Qué diferencia hay entre ellas y quienes no lo hacen? ¡Convicción!

La falta de respeto entre los miembros de la pareja destruye la relación. Y ahí está la vida real para mostrarnos, por medio de múltiples casos, que de esto no hay duda.

QUE SIEMPRE HAYA EXPRESIONES DE AMOR

> El amor consuela como el resplandor del sol después de la lluvia.
> WILLIAM SHAKESPEARE

La razón primordial por la que nos relacionamos con otro es el deseo de expresar nuestro amor. Se trata de una necesidad que, cuando se satisface, le da sentido a la vida, y cumple con el fin último por el cual hacemos contacto.

El poder de las expresiones de amor no cesa de impresionarme. Un apretón de manos, un abrazo, una caricia, una palabra dulce, una mirada, una palabra de reconocimiento o de gratitud, un tomarte por la cintura, ejercen un misterioso poder conciliador y unificador. Cuando imparto una conferencia, por lo general tengo enfrente a varios cientos de personas… o más. Desde mi trinchera de expositora, donde tengo una amplia visión, me encanta ver cómo las parejas por alguna razón se sensibilizan, se toman de la mano, se tocan la mejilla, se pasan la mano sobre el hombro, la posan sobre la pierna del otro, inclinan la cabeza para apoyarse uno en el otro y muestran otras variantes de contacto físico que —me atrevo a asegurar— los conectan a un nivel profundo. Estoy segura de que llegan a casa sintiéndose unidos y contentos.

El poder del contacto físico ha sido tema de estudio desde hace algunas décadas, y su valor para hacer sentir bien y crear lazos es indudable. Lo mismo sucede con las expresiones de amor, verbales y mediante actos, como cocinar a la pareja su comida favorita, comprarle un obsequio, ayudarla a resolver un asunto, hacerle esa labor que tanta pereza le provoca, entre otros. Complacer a la pareja, en cualquier forma posible, traerá consecuencias que benefician profundamente la relación y, por tanto, a quienes la conforman.

En realidad, ¡es tan fácil hacer esto y tan poderoso su efecto! Lo que en ocasiones impide a las personas llevar a cabo estos actos es el resentimiento, la soberbia, los juegos del ego. Sin embargo, siempre tenemos la opción de elegir a qué parte nuestra obedecemos y asumir las consecuencias de dicha elección.

APRENDAN A ACEPTAR LAS DIFERENCIAS INDIVIDUALES

> La uniformidad es la muerte; la diversidad es la vida.
> Mijail Bakunin

A mi parecer, seguir esta recomendación es de lo más difícil para los seres humanos. Tener la capacidad de aceptar que el otro es diferente, respetar su individualidad sin pretender cambiarlo e, incluso, entender las ventajas de esas diferencias. Lo que cada uno es proviene de nuestros genes, nuestra biología y nuestra historia, con todas las experiencias vividas en ella.

El que es hiperactivo no es mejor que el pasivo; el sociable no es mejor que el tímido; el introvertido no es mejor que el extrovertido; el negociante no es mejor que el artista; el kinestésico no es mejor que el visual. Sin embargo, en la relación de pareja estas diferencias suelen percibirse como descomposturas que hay que arreglar y como inadecuaciones que hay que cambiar.

Lo dicho: aceptar que la pareja es un árbol de manzanas y nunca dará aguacates nos ayudará a cesar en la lucha desgastante e ineficaz por hacerle producir éstos, e incluso a apreciar las deliciosas manzanas que ofrece.

¿Quién te dijo que ser como tú está bien y ser como tu pareja está mal?

APRENDAN EL ARTE DE *NEGOCIAR*

> La negociación sugiere un compromiso, una posición ubicada en algún lugar entre dos posiciones existentes.
>
> EDWARD DE BONO

Tantas ventajas he visto en adquirir esta habilidad, que incluso pienso que desde niños deberían enseñarnos a negociar; que los programas escolares deberían incluir una materia que nos prepare para desarrollar esta capacidad que puede evitarnos una gama de problemas, sinsabores y conflictos interpersonales.

En cualquier tipo de relación, negociar evita conflictos, soluciona los que ya existen, hace sentir bien a todos los involucrados y facilita la vida. Negociar significa estar dispuestos a conciliar, a ceder, a hacer ajustes, para que ambas partes ganemos y salgamos beneficiadas.

Negociación ganar-ganar

La mentalidad y la negociación *ganar-ganar*, propuesta por autores como Stephen R. Covey y Thomas Gordon, resulta ser una herramienta eficaz para evitar y solucionar conflictos en cualquier tipo de relación. Veámosla aplicada en la de pareja.[1]

Para que la negociación *ganar-ganar* sea realmente efectiva es necesario tener la firme disposición de no criticar o juzgar las ideas del otro, aceptar que se tiene que ceder en algo, no intentar convencerlo y tener bien claro que no se está participando en una competencia.

Paso 1. Cada miembro de la pareja expresa cuáles son sus necesidades, peticiones o requerimientos, por escrito y de manera clara y específica. Para empezar, yo recomiendo que se manejen como máximo tres puntos, con el fin de facilitar que se encuentren soluciones concretas y factibles, y sobre todo, que sea posible lograr. Más adelante podrán negociar otros asuntos si lo consideran necesario. El siguiente es un ejemplo de peticiones.

---

[1] He realizado algunas modificaciones a la propuesta original de Stephen R. Covey y Thomas Gordon.

Peticiones de Camila	Peticiones de Alberto
• Ir todos los domingos a comer a casa de mis padres • Que te despidas de mí cuando salgas de casa	• Que dejes de enviar mensajes por WhatsApp a las ocho de la noche • Que me hagas el desayuno todos los días antes de ir a trabajar

Es común que al leer cada uno las peticiones del otro se sientan tentados a criticar, desaprobar o reaccionar ante ellas. Recuerden la importancia de no juzgar o criticar, porque están en todo su derecho de pedir y desear lo que desean y de expresarlo.

Paso 2. Se analiza, uno por uno, los puntos de las listas; primero la de ella, luego la de él, o viceversa. Cada uno expresa de manera abierta y clara, pero muy concreta, sus razones para desear y pedir lo que presenta. En este punto es muy importante evitar la discusión. De hecho, la regla debe ser que sólo el que comenta su lista puede hablar; el otro se limitará a escuchar.

Paso 3. Una vez analizado cada punto, es momento de encontrar propuestas y soluciones, lo cual implicará ceder, comprender y estar dispuestos a llegar a un acuerdo. Algunas veces se desea cumplir la petición por completo y, a veces, en parte.

En una nueva hoja, escriban los acuerdos respecto a cada punto:

▶ Quién va a hacer qué
▶ A partir de cuándo

- ▶ Por cuánto tiempo
- ▶ Qué días
- ▶ Cómo

Compromisos de Camila	Compromisos de Alberto
• Dejaré de ver el WhatsApp a las 8:30 de la noche • Con gusto te haré el desayuno antes de ir a trabajar los lunes, miércoles y viernes	• Iré a comer a casa de tus padres un domingo sí y uno no, y lo haré con gusto y buena cara • Me despediré de ti cuando salga de casa todos los días

Una vez que ambos estén de acuerdo, tendrán que firmar esta hoja. Firmar algo causa un efecto importante, porque nos hace sentir que contraemos un compromiso, y así es.

Paso 4. Verificar los resultados después de algún tiempo (tres o cuatro semanas) mediante preguntas como las siguientes:

- ▶ ¿Están funcionando las soluciones que elegimos?
- ▶ ¿En realidad estamos a gusto los dos?
- ▶ ¿Está satisfaciendo las necesidades de ambos?
- ▶ ¿Han cambiado las circunstancias de manera que ya no nos sirve esa solución?
- ▶ ¿Nos comprometimos demasiado y no podemos cumplir?

Paso 5. Si es necesario, modificamos los acuerdos, o bien, continuamos con ellos si están funcionando.

Otra variante de esta propuesta es escribir una lista de lo que llamo "fuentes de conflicto" (eso por lo cual pelean) y proponer de manera individual posibles soluciones a cada punto de la lista. En seguida, elegir entre ambos las que consideren más convenientes; especificar en una hoja los acuerdos (como se sugiere en el paso 3), firmarlos y verificarlos luego de tres o cuatro semanas (como se recomienda en el paso 4).

Si lo desean, pueden hacer todas las variantes de esta propuesta que consideren necesarias. Lo que hay que conservar siempre son los fundamentos que sostienen una negociación ganar-ganar y que permiten que sea tan efectiva:

- ▶ Evitar criticar o juzgar las ideas del otro
- ▶ Aceptar que tienes que ceder en algo
- ▶ No intentar convencer al otro
- ▶ Tener bien claro que no se trata de una competencia

En ocasiones lo que está en juego son profundos conflictos de valores o de creencias que sostienen cierto comportamiento. Por ejemplo, para Alberto, el hecho de que su mujer le haga el desayuno lo conecta con necesidades de la infancia (como la de que mamá estuviera presente a esa hora de la mañana tan importante para él, lo cual no sucedía porque ella salía muy temprano a trabajar). Detrás de la petición de Camila de que él acepte ir a comer a casa de sus padres está la fuerte creencia de que si se pasa poco tiempo con la familia ésta se desintegrará. Esas creencias o valores subyacentes a las peticiones no son cuestionables ni enjuiciables, ni se pretende cambiarlos. Más bien lo que se busca es únicamente negociar los comportamientos relacionados con ellas.

Casi todo puede negociarse y nada mejor que probar por uno mismo la eficacia de hacerlo.

VALÓRENSE EL UNO A LA OTRA

> Peor que caminar solo y miserable es tener a
> alguien a nuestro lado y hacer que esa per-
> sona se sienta como si no tuviese la menor
> importancia en nuestra vida.
>
> PAULO COELHO

El ser valorado satisface por sí mismo una de las necesidades inherentes a la naturaleza humana más significativas.
Pero ser valorado por las personas que nos aman y a quienes
amamos produce un gozo que va más allá de las palabras.

En la relación de pareja los juegos del ego son el principal componente que impide la mutua valoración y que,
por el contrario, alimenta los resentimientos y la determinación de evitar todo lo que pueda hacer sentir bien a la pareja. No obstante, el hecho de valorarla y reconocerla influye
poderosamente en el afán de mantener la salud y la felicidad en la relación.

Cuando estoy en consulta con una pareja me conmue-
ve sobremanera ver el efecto que se genera cuando él o ella
expresan unas palabras de valoración o reconocimiento al
otro. No importa cuán furiosos estén, el grado de rencor
que se tengan, la pesada carga de resentimiento y rabia que
los agobie, surge una reacción en quien es valorado y también en quien valora. Su energía se suaviza, su mirada se
dulcifica, su actitud se transforma, la discusión se detiene,
e incluso se toman de la mano.

Si valorar y reconocer a la pareja provoca este tipo de efecto en privado, hacerlo frente a otros lo intensifica, despertan-
do en ambos una sensación de gozo y una fuerte conexión.

¡Hay tantas maneras de valorar! Agradecer por el apoyo que te ha dado, por lo que hace por la familia, por la comida deliciosa, por su acertada opinión sobre algún asunto. Reconocerle sus virtudes y cualidades, y lo que te gusta de él/ella. "Darle su lugar" como tu pareja que es, tomándolo en cuenta para ciertas decisiones y mostrándole con todas las acciones posibles que ocupa un lugar prioritario en tu vida.

Todo esto sólo pueden hacerlo aquellos que comprenden que no son su orgullo y su soberbia, sino su naturaleza superior, lo que decidirá el curso que tomarán sus actos en la vida. Y es este tipo de hombre y mujer quien estará dispuesto a hacer saber a su ser amado ¡cuán importante es para él/ella!

No sé si se deba a que soy mujer, o a que lo veo con frecuencia en las mujeres con quienes trabajo, o a que de hecho así es, pero me parece que la necesidad de ser valorada cobra una intensidad especial para el género femenino, y el no serlo provoca un gran dolor. Cuando lo que una mujer hace o da no es valorado —y, peor aún, cuando es despreciado— se despierta en ella una especie de vergüenza (a falta de una palabra que lo describa mejor), una suerte de humillación, que se perciben como una espina que se clava en el corazón y lo llena de dolor.

La canción "Como una ola", que fue interpretada por Rocío Jurado, expresa esto en una bella metáfora:

> Bajé del cielo una estrella en el hueco de mis manos
> y la prendí a tu cuello cuando te dije te amo.
> Pero al mirarte a los ojos vi una luz de desencanto,
> me avergoncé de mi estrella y llorando me dormí.

¡Y los hombres no lo entienden!

DISEÑEN UN PROYECTO DE VIDA JUNTOS

> Amar no es mirarse el uno al otro; es mirar juntos en la misma dirección.
> ANTOINE DE SAINT-EXUPÉRY

Un factor que beneficia a la relación de pareja es el hecho de tener un proyecto de vida juntos. Un negocio, un pasatiempo, algunas actividades académicas, sociales o espirituales. Cuando nada tienen en común y caminan en dirección opuesta, se separan, se vuelven extraños. Compartir actividades tan sencillas como salir a caminar, ir a tomar un café, ver una película, etc., fortalece los lazos entre ambos.

Hace poco me sorprendió la manera en que esta recomendación "resucitó" a una pareja madura. Ambos de cincuenta y tantos años, con hijos que habían volado del nido, con una relación entre ellos fría, distante y aburrida. Así como un médico prescribe medicamentos, los psicoterapeutas prescribimos "tareas" terapéuticas, cuyo objetivo es romper algo o moverlo en otra dirección. Así pues, les dejé la tarea de salir a caminar todas las tardes alrededor de las seis, cuando el esposo llegaba del trabajo. Quisieran o no, tendrían que cumplir con su "tarea".

Si bien los primeros días se sintieron un poco forzados y con pereza de hacerlo, los siguientes comenzaron a disfrutarlo. Conversaban, se tomaban de la mano, y a la mitad del camino se detenían a comprar un helado o a cenar unos tacos. Al volver a casa sentían "que se caían bien" —como lo expresó ella— y hasta reanudaron sus relaciones sexuales, las cuales se habían vuelto tan esporádicas como un cometa. Su proyecto de caminar cada tarde, los reunió.

Pasar tiempo juntos, sin hijos, es otra costumbre muy recomendable que, de acuerdo con su realidad y las edades de los hijos, hay que realizar. Una salida al cine, a cenar, a visitar amigos una vez por semana; un fin de semana de vez en cuando —sin hijos— servirá para conseguir el propósito que nos ocupa.

INTERÉSENSE POR EL BIENESTAR Y EL CRECIMIENTO DEL OTRO

> El amor es la preocupación activa por la vida y el crecimiento de lo que amamos.
> ERICH FROMM

Ya en páginas anteriores hablé de la manipulación, el control y la posesividad como conductas que destruyen la relación. En este espacio destaco la importancia de dejar ser, de apoyar al ser amado para que realice sus sueños, de respaldarlo en todo lo que desea hacer en la vida y que lo lleva a crecer y a sentirse satisfecho.

Camila inició un pequeño taller de bisutería en su casa. Diseñar, engarzar y vender sus creaciones la colmaba de alegría y satisfacción. Alberto la molestaba todos los días con comentarios burlones y descalificativos.

Otro Alberto se inscribió en un diplomado de ventas que lo tenía encantado y favorecía su trabajo. Camila, que lo recibía con cara larga cada vez que regresaba a casa, lo descalificaba, minimizando y rebatiendo cualquier cosa que él mencionara al respecto.

Camila era una excelente cocinera y, motivada por sus amigas, decidió impartir un curso de cocina. Diseñó el programa, lo promovió y para su sorpresa recibió más inscripciones de las que esperaba. Se sentía feliz con la idea de compartir su talento y, a la vez, ganar dinero haciendo lo que tanto le gustaba. La fecha estaba cerca y Camila se preparaba con gran entusiasmo. En todas las etapas del proceso Alberto se mostró frío y malhumorado. Con su actitud mostraba que no compartía el entusiasmo de su esposa. Unos días antes de la fecha de inicio le llegó a Camila con una "sorpresa": le propuso hacer un viaje a Europa justo en las fechas de su curso (un viaje que Camila añoraba y le había pedido realizar desde hacía un par de años). Ella captó el sabotaje, se lo hizo ver a Alberto y le propuso otras fechas, pero él no aceptó.

Alberto recibió una excelente propuesta de trabajo sumamente ventajosa en todos los sentidos. Camila se negaba a que lo aceptara y se quejaba de innumerables sinsentidos, que le hacían la vida pesada a su marido. Cuando le pregunté: "¿En qué te afecta?", no encontró respuesta. Titubeó, repitió las mismas insensateces de las que ya venía quejándose y concluyó diciendo que lo que le molestaba era que a Alberto seguramente se le subirían los humos con ese importante puesto directivo.

Y ejemplos así, hay miles…

Ninguna persona tiene derecho a detener —ni siquiera a intentarlo— el aprendizaje y el desarrollo de otra. La razón por la que suele hacerse es la envidia o el miedo a que al crecer ella/él pueda ser insuficiente para su pareja y entonces lo abandone. Lo que sí es mucho más probable es que una persona se vaya si su pareja le detiene los pies para impedirle volar, si le coarta su libertad y su derecho a aprender y a desarrollarse.

Apoyarse mutuamente, ayudarse en sus cosas personales cuando así se requiera, contar el uno con el otro, alentar sus sueños y deseos de superación mutuos, alegrarse con sus logros, es una actitud que refuerza en gran medida el amor y la apreciación.

FORTALEZCAN LA CONFIANZA

> Lo más noble del amor es la confianza recíproca.
>
> Julius Grosse

La confianza es un delicado tesoro que puede romperse con facilidad. En muchas ocasiones es relativamente fácil recuperarla; en otras resulta en extremo difícil, en tanto que en algunas más es imposible.

Cuando se ha traicionado, cuando se ha engañado, la confianza se resquebraja. Por supuesto, puede recuperarse cuando hay amor y la convicción de estar juntos. Pero si las traiciones y los engaños continúan, podría acabarse para siempre.

Veamos dos aspectos de la confianza en la pareja: uno se refiere a recuperarla cuando se ha perdido, y el otro, a fortalecerla cuando está viva. Hablemos del primero.

Recuperar la confianza

Para recuperar la confianza perdida es necesario que la pareja trabaje muy duro en curar los devastadores efectos de la experiencia que la destruyó. Es muy conveniente asistir a terapia de pareja para que un profesional los apoye en este proceso. Lo que a continuación recomendaré no pretende suplir esa atención profesional, sino ofrecer algunas ideas cuya utilidad para lograr dicho objetivo he comprobado en mi práctica. Para llevarlas a cabo es necesaria la participación de ambos.

Pongamos como ejemplo la pérdida de la confianza por una infidelidad, que, lamentablemente, es un tema de consulta muy común. En primer lugar, quien la cometió debe comprender los sentimientos que esto causó en su pareja, como rabia, desconfianza y dolor. Según comenté en capítulos anteriores, con frecuencia quien fue infiel se indigna y se molesta por los llantos, los reclamos y el enojo de su pareja, sin entender que fueron sus actos los que causaron estas consecuencias. ¡Qué desfachatez!

Así pues, el infiel tendrá que aceptar que habrá reclamos y expresiones de enojo. ¿Por cuánto tiempo? Pues el que duren. Por lo general, en el proceso de terapia se ayuda a la persona traicionada a procesar sus sentimientos, lo cual le facilita el tránsito por esta dolorosa experiencia y la ayuda a superarla.

Asimismo, es muy natural que la persona traicionada pierda la confianza y desconfíe de todo lo que el otro diga o haga. Si habla por teléfono, si sale, si cierra los ojos, si los abre, si se baña, si no lo hace, si respira, si se mueve, si se cambia, o lo que haga, lo interpretará como posibles señales de que la está engañando o la engañará otra vez. Esto, por supuesto, será desgastante para ambos, pero es comprensible porque al engañado se le mintió durante un tiempo, prolongado o no.

Por tanto, quien fue infiel puede ayudar a su pareja a superar su desconfianza. Una forma de hacerlo es que ambos generen acuerdos al respecto. Por ejemplo, el/la infiel se compromete a llamarle cada cierto periodo de tiempo para aquietar sus dudas. O tal vez acuerden que su pareja lo acompañará a todos los lugares a donde sea posible llevarlo/a, o quizá decidan fijar horarios para llegar a casa después del trabajo, o comer juntos todos los días, entre otros. Estos acuerdos se cumplirán durante un tiempo determinado establecido por ambos (dos, cuatro, seis semanas), después del cual evaluarán cómo se sienten y si consideran necesario continuar por otro periodo definido.

En mi experiencia, cuando la pareja se ama y desean seguir juntos, esto funciona. Pero quizá lo más importante sea que el/la infiel se comprometa honestamente, consigo mismo y con su pareja, a no repetir la historia. Si la repite, será mejor que no espere otra oportunidad.

FORTALECER LA CONFIANZA

Todos los días ofrecen oportunidades para lograr este objetivo. Cumplir la palabra, estar en contacto, escuchar sin juicios, cumplir los acuerdos, interesarse por el otro, apoyarlo, decir la verdad, son conductas que refuerzan la confianza entre la pareja.

¡Decir la verdad! Una conducta con un potencial sanador inimaginable, pero difícil para muchos. En mi libro *En honor a la verdad*[2] analizo a fondo la importancia de decir-

---

[2] Martha Alicia Chávez, *En honor a la verdad*, México, Grijalbo Mondadori, 2012.

se la verdad a uno mismo y ser auténtico con uno mismo como condición para serlo con otros.

En este espacio hablaré de la verdad con la pareja. En mi consulta he realizado un hermoso ritual con muchas parejas. Un ritual[3] con la verdad. Sólo funciona con quienes la honran, quienes son honestos —o, por lo menos, tienen la disposición de serlo— y, por tanto, valorarán la esencia sagrada de este compromiso con la verdad.

Cuando tengan el tiempo suficiente y estén solos, elijan un espacio que podrán adornar con velas, flores, incienso, fotos, comida o lo que se les antoje. Un lugar que se torne mágico por los elementos con los que lo atavíen. Vístanse para la ocasión, de manera elegante o totalmente informal, lo que importa es cambiarse de ropa para este momento.

Luego, tomándose de las manos y mirándose a los ojos, comience uno de ustedes a decirle al otro algo como esto: "Cuando necesites saber algo respecto a... pregúntame, y cuando te conteste créeme, porque te voy a decir la verdad". El otro responderá: "Me comprometo a creerte cuando me respondas, porque decido confiar en que vas a decirme la verdad". Y luego cambian de roles. Sobra explicar por qué esto refuerza la confianza en la pareja.

¡Sean un equipo!... ¡Tú y yo en el mundo!

---

[3] En el contexto de la terapia llamamos "ritual" a ciertos actos muy específicos en los cuales se utilizan diversos símbolos y ciertas fórmulas verbales con un objetivo claro. Para potenciar su efecto deben llevarse a cabo en una forma, momento y lugar determinados.

¡PERDÓNENSE!

> A perdonar sólo se aprende en la vida cuando a nuestra vez hemos necesitado que nos perdonen mucho.
>
> JACINTO BENAVENTE

Sobre el perdón se ha dicho y se ha escrito mucho. Lo que falta es la disposición a hacerlo. Cuando nos sentimos lastimados expresamos cosas como: "Jamás lo perdonaré", "¿Cómo voy a perdonarlo después de lo que me hizo?" Sentimos que al perdonar le hacemos un favor al otro. La verdad es que, en tanto no perdonemos, no podremos tener paz interior, ya que no es posible albergar al mismo tiempo dos sentimientos opuestos como el rencor y la paz; la segunda no llegará hasta que nos liberemos del primero. Perdonar es, entonces, un gran favor que uno se hace a sí mismo.

Los autores que han escrito sobre el proceso del perdón han aportado ya una buena cantidad de herramientas y propuestas para lograrlo. Cualquier libro sobre el tema (unos más que otros) te aportará algo útil al respecto. En lo personal, he encontrado en mí misma y en muchas personas con quienes trabajo un recurso que provoca como efecto inmediato un cambio de percepción. Éste es el disparador de un cambio de sentimientos y de actitud, y, por consiguiente, de conducta. Me refiero a una confrontación con uno mismo con reflexiones como éstas:

▶ "Esto yo también se lo he hecho."
▶ "¿De cuántas formas se lo he cobrado?"

▶ "Yo también lo lastimo."

▶ "¿Cuál es mi parte de responsabilidad en ello?"

Si respondemos a estos cuestionamientos con honestidad, nos sorprenderá lo que encontraremos y podremos comprender las palabras de Viktor Frankl cuando expresó: "Sólo existe el perdón cuando te das cuenta de que en realidad no tienes nada que perdonar".

¿Qué le perdono si yo le hago lo mismo? ¿Qué le perdono si se lo he cobrado de tales y tales formas? ¿Qué le perdono si yo también lo ofendo y lo lastimo? ¿Qué le perdono si lo manipulo y lo atormento constantemente generándole culpa? ¿Qué le perdono si con tal conducta yo propicio que esto siga sucediendo?...

Por otra parte, por mucho que perdonemos, a veces es necesario salir de una relación en la que se nos maltrata y traiciona y, más aún, si esto sucede más de una vez. Pero en la vida cotidiana de una pareja una conversación (o discusión) sobre algún problema, un reconocimiento de una falta, un acuerdo sobre algún conflicto, siempre deberían acompañarse de la disposición de pedir perdón y perdonar, así como de la disposición de poner toda la voluntad propia para honrar la relación, cuidar el corazón del ser amado y decidir aprender del error para que —ojalá— no se repita.

CONCLUSIONES

En este capítulo he planteado algunas propuestas sobre las conductas que fortalecen la relación de pareja. Y sí que funcionan. Depende de ti decidir llevarlas a cabo, cuáles, cómo y cuándo. Puedes decidir ensayar sólo una por un tiempo, para que puedas cumplir. Lo ideal es, desde luego, que ambos miembros de la pareja se involucren en el compromiso de llevar a la práctica estas propuestas. Pero si se da el caso de que a tu pareja no le interese, hazlo tú. Es imposible que no obtengas beneficios. Si haces las cosas de forma diferente obtendrás resultados diferentes. Y no me refiero precisamente a que se susciten cambios en tu pareja (aunque tal vez sí), pero sin duda en ti los habrá. Aun así, vívelo sin expectativas, con actitud de exploración y descubrimiento. Lo que ha de ser será, pero, por lo menos, habrás movido esquemas y caminarás por senderos nuevos. ¡Y bienvenido lo nuevo!

Capítulo 9

El sexo y el dinero en la pareja

Estos dos aspectos de la vida llevan una enorme carga dentro de sí, compuesta de luz y de sombra, de conductas sanas y enfermas, de áreas expuestas y recovecos ocultos. Ambos son protagonistas inseparables de la vida de pareja y ejercen una poderosa influencia en la relación.

EL SEXO

Es bien sabido que la sexualidad abarca mucho más que el erotismo o el acto sexual mismo, y conlleva elementos físicos, emocionales, mentales, espirituales, familiares, sociales, arquetípicos, conscientes e inconscientes.

Pues bien, la energía sexual es poderosa más allá de las palabras. Constructora o destructora, pero siempre —para bien o para mal— transformadora. El potencial que la energía sexual tiene para sanar a los individuos y a la pareja, así como para unirla, es indudable. Por desgracia, muchos la usan como un arma para manipular, agredir, castigar o controlar.

Dejemos algo en claro: una verdadera relación de pareja implica un compromiso y éste también se extiende a la vida sexual de ambos. Por tal motivo, se supone y se espera que se den el uno a la otra el hermoso regalo de la exclusividad de su cuerpo. Todo aquel que valora esto sabe que a cambio le corresponde satisfacer las necesidades de ese cuerpo. O ¿quién se supone que las satisfará si no su hombre/mujer?

Pues bien, lamentablemente en muchas ocasiones se castiga a la pareja justo negándole el sexo. Rechazándola, despreciándola, evadiéndola, y haciéndola suplicar, esperar y hasta mendigar para recibir atención sexual.

Aun en las personas mejor intencionadas a veces es posible que no se desee tener relaciones. Y el deseoso tendrá que esperar. Pero eso es muy diferente a castigar a la pareja negándole sexo. Y aun si no tienes ganas, pero sí el interés de complacer las necesidades sexuales del ser amado… ¿qué te parece algo como esto?: "Yo no tengo ganas, pero ¿qué quieres que te haga?" ¡Cualquier persona se derrite ante semejante acto de amor! Y quién sabe si en el proceso el desganado se motive y terminen por sostener un encuentro sexual memorable.

En otras ocasiones el castigo se manifiesta al minimizar o ignorar los intentos de la pareja de provocarla mostrando sus atributos físicos o ciertas actitudes o prendas de ropa sexys y sugerentes. El hombre quiere que se fije en su buen cuerpo, en su pene listo para el juego, y la mujer ni siquiera se vuelve para verlo. Ella quiere que reaccione ante su atuendo provocativo, ante su actitud sugerente, y él la ignora por completo. En lugar de mirar, reaccionar, decir algo que haga sentir al otro deseado y atractivo, se le ignora, y con ello se desprecia el regalo de sensualidad y erotismo que se ofrece.

Humillación y vergüenza es lo que siente aquel que exhibe sus encantos y es ignorado y despreciado.

Otra forma de castigar mediante el sexo la encontramos tras algunas condiciones como la eyaculación precoz o la frigidez en cualquier grado. Quiero aclarar que estas condiciones pueden deberse a múltiples factores tanto orgánicos como psicológicos, y requieren la evaluación de un médico y un terapeuta. Sin embargo, en lo personal, he atendido casos en los que se presentan sólo durante la relación sexual con la pareja y no en otro contexto como la masturbación.

El asunto funciona como sigue: el hombre que castiga con su eyaculación precoz siente que tiene el control, por lo menos en los minutos que dura la relación, porque normalmente en la vida cotidiana es un varón sometido y manipulado por su mujer controladora y agresiva. Pero en el escenario de sus relaciones sexuales él controla, y si le da la gana puede dejar a su mujer "a medio camino", frustrada e insatisfecha.

De igual manera, la frigidez, es decir la incapacidad de una mujer para sentir placer y llegar al orgasmo, también puede deberse a factores físicos o traumáticos que requieren la atención de un médico y un psicólogo. Pero con frecuencia este "no sentir nada" tiene la intención inconsciente de castigar a su hombre. Por lo general, para él es muy importante y satisfactorio ver que es capaz de dar enorme placer a su mujer. Cuando ella no reacciona a sus caricias, cuando —haga lo que haga— ella no responde, él recibe este mensaje: "No eres suficiente", "No eres buen amante", lo cual lastima su masculinidad.

Manipular por medio del sexo es otro de los juegos sucios relacionados con este aspecto de la vida en pareja. Por ejemplo, concederle atención sexual al otro sólo si "se porta" de la manera deseada, o darle sexo o negárselo para lograr algo.

Sean cuales fueren los juegos sucios detrás del sexo, me parecen despreciables. Todos los repruebo con la totalidad de mi ser, y me siento frustrada e impotente cuando encuentro parejas que no son capaces de medir el poder destructivo de dichos juegos, los cuales dañan no sólo la relación sino a cada uno de ellos.

Por otra parte, en ciertas situaciones uno de los dos, o ambos, experimentan fuertes sentimientos que minan su sexualidad y les impiden vivirla de manera sana y satisfactoria. Por lo general dichos sentimientos son ansiedad, ira y resentimiento. Pueden provenir de situaciones de pareja que los han generado, o de asuntos de la vida totalmente ajenos a la misma. Sea como fuere, influyen mucho en su vida sexual.

Veamos algunos casos.

Ansiedad

Camila, de 23 años, y Alberto, de 30, acudieron a terapia. Estaban comprometidos desde hacía un año, pero cada vez que ella mencionaba el tema de la boda (poner fecha, buscar el lugar, etc.) él aducía cualquier pretexto para retrasar el momento de hacerlo. La pareja acordó que no tendrían relaciones sexuales hasta casarse. Decían que deseaban hacerlo "a la antigüita" para romper con los esquemas sociales que casi obligan a tener sexo antes de la boda.

A pesar de ser tan joven, Alberto comenzaba a presentar problemas de disfunción eréctil, que lo angustiaban mucho. Ésa era la verdadera razón por la que evadía concretar el compromiso. Pero no sólo eso, sino que también se volvió distante y evasivo ante cualquier intento de Camila de besarlo, acariciarlo o tocarlo. Ella, sin saber el porqué del cambio de Alberto —quien antes respondía e iniciaba dichos momentos—, interpretaba sus reacciones como señales de rechazo o desamor.

Como en muchas ocasiones sucede, en lugar de buscar ayuda médica, Alberto la evadía; en lugar de hablar del problema con su prometida lo reprimía y simplemente se alejaba de ella. Su alejamiento comenzó a generalizarse a todos los aspectos de su vida: evitaba salir a pasear, visitar a Camila o que ella lo visitara, así como cualquier situación en la que pudieran quedarse a solas e iniciarse un acercamiento por parte de ella. Está de más decir que su actitud estaba destruyendo la alegría de ambos y su relación.

Camila estaba tan preocupada por los cambios en su cuerpo después de sus tres embarazos, que comenzó a evitar las relaciones sexuales con su esposo. Por más que él le decía que eso no le importaba, ella no podía con el asunto.

Es imposible estar preocupado y ansioso y al mismo tiempo excitarse sexualmente. Así sucedía con Camila, quien de una y mil formas huía de los momentos de intimidad con su esposo, así como de cualquier situación que pudiera culminar con uno.

La ansiedad que su inadecuado "funcionamiento sexual" puede generar en un hombre o en una mujer es progresiva y difícilmente se resuelve por sí sola. Es necesaria la intervención profesional para analizar las causas de dicha situación y ponerles solución. ¡La tiene! Lo único que se requiere es afrontarla.

En ocasiones son los problemas financieros, laborales, familiares o de salud los que causan ansiedad y preocupación e interfieren en la vida sexual de la pareja.

Estas situaciones y más pueden suceder, pero cuando no se toman acciones para solucionarlas se convierten en detonantes de separación y resentimiento.

Resentimiento e ira

Por su parte, el resentimiento y la ira, que suelen ir de la mano, son sentimientos que interfieren en la sexualidad. De acuerdo con expertos en las diferencias en la psicología del hombre y de la mujer, el hombre tiene mayor capacidad de separar sus sentimientos de su sexualidad, de modo que puede estar enojado y resentido, y hacerlo a un lado para tener una agradable relación sexual. A la mujer parece resultarle más difícil separar los sentimientos de su sexualidad. Por tal motivo, es más común que la mujer, cuando está resentida, pierda el interés en tener relaciones sexuales —por lo menos con la persona que provocó ese resentimiento— que el hombre.

Sea cual fuere la problemática que presente una pareja y que le impida disfrutar de todas las bondades de su vida sexual, es esencial que le preste gran importancia. Hay expertos en terapia sexual o sexólogos que pueden ayudar y, como siempre, la voluntad y disposición de ambos es esencial.

En mi labor como psicoterapeuta he encontrado gran efectividad en una práctica que recomiendo a algunas parejas que, por cualquier razón, están resentidas y desconectadas, y, por consiguiente, con una vida sexual afectada o de plano inexistente.

Se trata de tener relaciones sexuales... ¡punto! Tengan ganas o no, estén resentidos o no, deben cumplir con esa tarea. Me asombra la eficacia que dicha "tarea" alcanza y todo lo que puede mover.

Lo que pretendo al hacer esta recomendación es dejar el asunto en manos de la enorme sabiduría del cuerpo. Cuando nos negamos a tener relaciones sexuales por cualquier motivo castigamos a nuestro pobre cuerpo al impedirle disfrutar de las placenteras sensaciones que el sexo le proporciona. Nos negamos a disfrutar del hermoso regalo que la vida nos dio al dotarlo con tal cantidad de terminaciones nerviosas y zonas erógenas, cuya estimulación es capaz de producirnos tanto placer y, a la vez, producir múltiples reacciones químicas que resultan sanadoras en varios niveles.

Pues bien, al "obligarse" a tener relaciones sexuales, el cuerpo, con su esplendorosa sabiduría, se encarga de todo, ya que sabe muy bien qué hacer si se lo permitimos. Y será nuestro maravilloso cuerpo —¡bendito sea!— el que abrirá las puertas a otros niveles de comunicación y a otros recursos de sanación.

Entonces se desatorarán los engranes y se producirán nuevos lazos invisibles; la dirección que la relación va siguiendo cambiará, empujada por la poderosa fuerza del eros, la energía de vida, la sexualidad. Ésta habrá comenzado a hacer su magia y habrá despertado su poder unificador y transformador. ¡Gracias, cuerpo, querido cuerpo!, haz lo que sabes hacer, porque tú, como mi templo que eres, me abres las puertas del infinito.

EL DINERO

El dinero, aunque representado por las monedas y los billetes, es una fuerza poderosa presente en cada momento y en cada día de nuestra vida. A veces funge como bendición y otras como maldición, según el uso que le demos y la relación que establezcamos con él.

¿Una relación con el dinero? En efecto, necesitamos mantener una buena relación con él, lo cual nos permitirá utilizarlo de manera correcta y saludable. Para conseguirlo es necesario estar conscientes de todas las creencias que como individuos y como sociedad hemos construido a su alrededor.

En el escenario de la relación de pareja, lo reconozcamos o no, el dinero adquiere un significado relevante. Al igual que con el sexo, por medio del dinero se manipula, se controla, se castiga, se ofende y también se bendice. Darlo, retenerlo, condicionarlo, esconderlo, despilfarrarlo, y otras conductas más, son las caras que toman la manipulación, el castigo o el control.

Los problemas de pareja que yo atiendo, relacionados con el dinero, son casi tan comunes como los relacionados con la infidelidad. Si bien dichos problemas pueden negociarse, y es necesario hacerlo, no terminarán si no revisamos lo que se encuentra en el fondo de ellos, ya que eso es lo que los crea, alimenta y perpetúa.

Alberto es un hombre rico, pero Camila "sufre" cada vez que se presenta un gasto extra, porque es todo un logro conseguir de él el dinero necesario para cubrirlo. Ella no es despilfarradora y él lo reconoce, pero aun así le suelta el dinero a cuentagotas y eso tiene harta a Camila. Además, el asunto es una fuente de constantes conflictos entre ellos.

En una sesión donde hablaron de ello les pregunté qué les parecía la posibilidad de que Alberto destinara una cantidad mensual para los gastos extra que pueden surgir, para que Camila la manejara y no tuviera que pedirle cada vez que se necesitara algo, con las discusiones que eso desata. La cantidad extra era mínima y no representaba para Alberto esfuerzo alguno, ya que tenía dinero de sobra. Aun si Camila lo gastara en cualquier tontería, no afectaría en absoluto la economía familiar, pero sí solucionaría el problema de las discusiones y los conflictos por la causa mencionada.

¿Qué sucedió? A Camila le encantó la idea, pero Alberto se negó. Al preguntarle sus razones insistía una y otra vez en que, sencillamente, no estaba de acuerdo. Al conducirlo con mayor intensidad y profundidad a que reconociera sus razones, encontramos que le gustaba sentir que tenía el control. El hecho de que Camila le pidiera y le diera explicaciones satisfacía sus necesidades enfermizas de sentirse superior y poderoso.

Muchos hombres, como proveedores que son de la familia, al igual que Alberto satisfacen necesidades inconscientes de poder a través de la forma en que ejercen ese rol. Y eso no tiene que ver con la cantidad de dinero que poseen; tal vez éste sea mucho o sea poco, pero es en la manera de darlo donde se manifiesta dicha actitud.

En otros casos, el que el hombre no genere grandes cantidades de dinero es la excusa perfecta para que su mujer lo humille y lo haga sentir inadecuado, con lo que desquita su resentimiento y sus deseos de venganza. Y ya no hablemos de si ambos trabajan y ella gana más que él.

La creencia prevaleciente de que el hombre debe ganar más que la mujer está tan arraigada en la sociedad que todavía a estas alturas de la vida las mujeres reciben un menor salario que los hombres por el mismo puesto. Cambiar esa injusticia es uno de los temas incluidos en la agenda de las organizaciones dedicadas a la lucha por la igualdad de género.

Sin embargo, aun cuando las mujeres en general repudiamos la creencia de que el hombre debe ganar más, muchas la hacen válida en su relación de pareja y la toman como motivo para despreciar o minimizar a su hombre si genera menos dinero que ellas.

Otra faceta del dinero en la pareja se presenta en la forma de despilfarro. El despilfarro significa falta de administración y uso adecuado de los recursos, lo cual casi siempre trae consecuencias desastrosas: la pareja se hunde en deudas, suspensión de servicios, afectación de su historial crediticio y toda clase de pérdidas relacionadas con el despilfarro. Y ni hablar de los consecuentes problemas y las preocupaciones que todo lo anterior inevitablemente desatará. He conocido parejas para quienes esta situación es una constante en su vida y pareciera que no aprenden la lección, porque repiten una y otra vez el mismo esquema. En ocasiones, por extraño que parezca, necesitan vivir con esa constante angustia. En otros casos el estrés relacionado con su despilfarro del dinero y con todos los problemas que éste genera es lo que mantiene viva la relación y el único lazo que los une. ¿De qué hablarían si sus problemas por dinero se acabaran? Es un cuestionamiento que valdría la pena plantearse en esos casos.

Para otros, soltar el dinero para su familia se experimenta como una pérdida que causa miedo e incertidumbre sobre el futuro. Ellos son los que lo dan de mala gana, con caras largas y reclamos, sintiendo que le hacen un favor a su familia al mantenerla. Por lo general, quien retiene el dinero también retiene su apoyo y su amor, y este rasgo de personalidad proviene de una infancia en la que no se recibió, en la que se dejaron insatisfechas las necesidades de seguridad y pertenencia.

Así también hay parejas que guardan enormes secretos respecto al dinero. Ella no sabe con exactitud cuánto gana él, y lo mismo sucede con ella si trabaja. Se mienten, se guardan secretos, se ocultan información y se toman a escondidas ciertas cantidades de dinero para fines personales sin que el otro se entere. Es obvio que detrás de esa actitud predomina una gran desconfianza y la sensación de vulnerabilidad ante el otro. A veces las personas consideran que tienen razones válidas para guardar todos estos secretos respecto al dinero, y tal vez sea así, pero queda claro que una relación en la que se arraigan estas conductas dista mucho de ser satisfactoria y saludable.

Sea cual fuere la manera en que el dinero se maneja en el seno de la pareja, vale la pena "darse cuenta"; reconocer los motivos inconscientes y conscientes detrás de esos manejos, así como las necesidades personales y casi siempre patológicas que se intenta satisfacer con ellos, para poder dar paso a conductas más saludables.

Si el tema del dinero genera conflictos y separación en la pareja, sin duda hay una sombra que no se ha reconocido. Una vez que se le localice, conviene hacer acuerdos y negociaciones respecto a los cómos y los cuántos, para prevenir que el dinero sea una fuente de desamor y problemas.

Como a todo lo que es parte de la vida, al dinero hay que tenerle respeto. Despilfarrarlo, retenerlo, usarlo para cualquier fin insano o deshonesto demuestra que en absoluto se le respeta.

Mensaje final

A lo largo del libro he planteado diversas conductas que conducen a la ruina a una relación de pareja y otras que no sólo pueden evitar que eso suceda, sino que la fortalecen y embellecen.

A estas alturas tal vez valga la pena volver a hacernos la pregunta: ¿es reversible? Cuando la mujer se ha convertido en bruja y el hombre en bestia ¿existe la posibilidad de un retorno? Yo creo —insisto— que todo es posible. La vida nos muestra constantemente que lleva dentro de sí un tremendo potencial de transformación. El cuerpo físico, con su increíble capacidad de recuperarse de enfermedades y heridas. La naturaleza, con su impresionante habilidad para reverdecer y regenerarse. Las emociones, con su inagotable posibilidad de sanar.

¿Por qué la relación de pareja no tendría la posibilidad de un retorno, de una recuperación, de una transformación?

¿Qué hay en el cuerpo que le permite sanar y en la naturaleza que le permite reverdecer? ¡Un tremendo impulso, un torrente de eros o energía de vida, una férrea voluntad, una total convicción! Todo ello conduce a la transformación y es esto mismo lo que la pareja necesita para reverdecer.

He conocido a muchos que lo logran, que se recuperan de toda clase de dolores, problemas e infortunios, y en el proceso maduran y se fortalecen. Pero hay que tomar acción, porque ésta es la que provoca el cambio.

Eso no significa que los conflictos y las desazones terminarán. Es necesario comprender que seguirán sucediendo. Lo que se pretende es ser conscientes de ellos, asumir la responsabilidad personal en su creación y solución, y tener la disposición de sanarlos, porque la pareja vale la pena, porque se es capaz de honrar esa relación sagrada.

¿Cómo lograrlo?

¡Elige hacerlo!

Anexo

El efecto Dorian Gray en la relación de pareja, por Miguel Romo Guerra

Te presento a Miguel, mi amigo y maestro...

Escultor, pintor, investigador en psicología transpersonal y en simbología por más de 30 años, Miguel Romo Guerra aceptó mi invitación para colaborar en este libro, enriqueciéndolo con los interesantes conceptos que nos presenta y las reflexiones profundas a las cuales éstos inevitablemente nos conducen.

En el siguiente anexo, Miguel expone algunas facetas arquetípicas y simbólicas de la relación de pareja a través de personajes literarios y mitos popularmente conocidos. Y, como sucede con todo lo que es interesante y profundo, su escritura enriquece, devela, nutre e invita a verse a uno mismo y a su relación de pareja a la luz del misterioso y fascinante personaje de Dorian Gray... desmenuzado, saboreado y observado desde el propio retrato que cada uno llevamos dentro.

He aquí "El efecto Dorian Gray"...

¡Que lo disfrutes!

El efecto Dorian Gray
en la relación de pareja

El tema central de este libro es la relación de pareja y la manera como ésta atraviesa situaciones y eventos que la desgastan, hasta que ella se convierte en bruja y él en bestia. En mi opinión, una de las facetas más importantes en esta relación es la transición de la etapa de atracción a la de rechazo que pueden llegar a vivir sus integrantes. Para explicar una de sus causas fundamentales, voy a recurrir a una reconocida obra de la literatura universal, *El retrato de Dorian Grey,* escrita por el autor de origen irlandés Oscar Wilde.

Llamaré a este fenómeno de transición el "efecto Dorian Gray". En realidad, mi primera opción hubiera sido titularlo el "síndrome de Dorian Gray", pero me ganó el nombre el psiquiatra B. Brosig, quien lo usara en el año 2000 para referirse al conjunto de síntomas presentado por una persona que está obsesionada por su apariencia y quiere mantener un aspecto joven a cualquier precio. Sin embargo, me parece que ese enfoque pasa por alto el aspecto esencial de la historia de Dorian Gray.

No pretendo interpretar la historia desentrañando el pensamiento y los motivos del autor, pues el modelo representado por éste se circunscribe a la sociedad y a las vivencias de la Inglaterra victoriana tardía. Del "mecanismo" psicológico propio del ser humano que describe esta obra surgen muchos de los problemas que en un momento dado ocasionan un deterioro gradual de la relación de pareja y una ruptura inminente si no modificamos la trayectoria de los acontecimientos trazados por lo que llamo el "efecto de Dorian Gray".

Mi propósito es interpretar de manera libre y con la mayor sencillez posible la simbología contenida en esta historia para explicar uno de los factores de la relación de pareja más comunes e insidiosos. Un modo de funcionamiento que, en menor o mayor proporción, desgasta y consume.

La extraordinaria historia concebida por Wilde, aun para quien no la conoce a fondo, genera una extraña familiaridad, una velada sensación de que en algún lugar interno ocultamos un retrato nuestro, un "alter ego sombrío", hecho de huellas de tiempo y vida que nos avergüenzan o que simplemente decidimos esconder. Tenemos un concepto de nosotros mismos que vive y crece oculto, con alguna forma de autonomía e independencia, construido —de forma contrastante— sobre una base del ideal de la belleza y el esplendor latentes en nuestro ser. Un ideal que quisiéramos manifestar como nuestra realidad cotidiana, intacta y permanente. Sin embargo, solemos confundir lo que significa manifestar genuinamente la esencia de nuestro verdadero ser, con adoptar una personalidad social que se "vende" bien, buscando así ser admirados de alguna manera, o, por lo menos, aceptados. Una imagen que poco a poco modificamos de manera inconsciente, a golpe de realidades que nuestra experiencia arroja en contraste con el ideal que veneramos. Estas experiencias son registradas en nuestro "retrato oculto" como muecas, llagas, arrugas, gestos de odios y culpas, vicios, huellas de excesos por querer ser, plasmadas junto a las huellas del vacío de lo que perdimos por miedo a ser.

Presentimos la existencia de ese retrato, no como una pintura inerte en la que se imprimen mágicamente las sombras disimuladas de nuestros rasgos indeseables, vergonzosos y socialmente inaceptables. No es algo inanimado y ajeno, sino un retrato de nuestro yo impresentable, que vive como si fuera un espectro en las entrañas de nuestra psique. Un auténtico y oscuro gemelo que nos acompaña, silencioso en su influencia y que permanentemente nos acompaña en una recámara escondida, y cerrada de nuestra casa interna, fuera del alcance de los demás. Un ente que disfraza su presencia con vestiduras que, aunque buscan encubrirlo, dejan asomar su forma, una que nos hemos acostumbrado a percibir, pero también a ignorar.

LA HISTORIA Y SU INTERPRETACIÓN

Para hacer una interpretación de la obra adaptada a la relación de pareja comenzaré por destacar que el retrato de Dorian Gray es un regalo de su amigo, el pintor Basil, quien, obsesionado hasta la idolatría por su belleza, la plasma en la pintura. Gray, al ver su imagen en el mejor aspecto de su esplendoroso potencial de juventud, desea con toda intensidad —aunque casi inconscientemente— conservar siempre la imagen que aparece en el retrato y que éste sea el que sufra las consecuencias del tiempo, esto es, intercambiar el destino de lo que es, por el de su apariencia.

Me tomaré la licencia de citar el texto de la novela cuando lo considere necesario, por ser la fuente de mi análisis, pero también por la claridad y la extraordinaria prosa de Oscar Wilde. Así que, al respecto, dice Basil, el pintor del retrato:

> Sin pretenderlo, he puesto en ese cuadro la expresión de mi extraña idolatría de artista, de la que, por supuesto, nunca he querido hablar con él. Nada sabe. No lo sabrá nunca. Pero quizá el mundo lo adivine; y no quiero desnudar mi alma ante su mirada entrometida y superficial. Nunca pondré mi corazón bajo su microscopio. ¡Hay demasiado de mí mismo en ese cuadro!

En lo que atañe al tema de este libro, es decir, la transformación de un miembro de la pareja en *bruja* o en *bestia*, en la etapa de enamoramiento cada uno de los amantes crea una cierta forma de "retrato de Dorian Gray" de su pareja; a esto lo conduce su amor, pero también, y en especial, su veneración y su idolatría. Tal vez uno lo haga con más intensidad y otro con menos, pero llegado el momento de unirse en matrimonio, sea formal o informal, lo común es que se haya iniciado con una idealización nacida bajo el influjo del enamoramiento y la necesidad. Por lo regular aquí comienza el fenómeno del amor romántico, el cual puede tener muchos desenlaces. Uno de ellos, bastante generalizado y poco reconocido, es el "efecto Dorian Gray".

¿En qué consiste? En esencia, en quedar atrapados por un ideal, "pintado" —desde una perspectiva simbólica— por nuestra pareja (o, en términos generales, por quien nos ama, nos admira o nos alaba) y que nosotros hemos aceptado. Al hacerlo, lo asumimos como identidad, porque es algo que representa lo mejor y más admirado de nosotros. Pero, como todo tiene un precio, el que pagamos es que la libertad para expresar nuestra verdadera identidad quedará restringida a ese margen de belleza, juventud, talento, o lo que sea que el "retrato" refleje; por tanto, aquello que no coincide con él es condenado a mantenerse reprimido y escondido. Nuestra personalidad queda incompleta, y, en consecuencia, aquello defectuoso, con fallas y áreas de deterioro, se relega a una recámara que clausuramos bajo llave por la discrepancia que surge al contrastarla con el ideal que intentamos representar, en detrimento de nuestra completitud. Una gama de nuestra personalidad permanece excluida de la participación en nuestra vida social y, en general, de nuestra interacción consciente con la vida.

CAMBIARNOS POR EL IDEAL

Ese deseo de cambiarnos por el ideal es producto de la fascinación que nos provoca ver el tipo de percepción maravillosa que conseguimos generar en otra persona, cómo podemos ser admirados y cómo se satisface nuestra egolatría y vanidad. Así lo dice Dorian Gray:

> —¡Qué triste resulta! —murmuró Dorian Gray, los ojos todavía fijos en el retrato—. Me haré viejo, horrible, espantoso. Pero este cuadro siempre será joven. Nunca dejará atrás este día de junio… ¡Si fuese al revés! ¡Si yo me conservase siempre joven y el retrato envejeciera! Daría… ¡daría cualquier cosa por eso! ¡Daría el alma!

Y eso es lo que hacemos, dar el alma a cambio de quedar fijados en nuestro personaje ideal. En un ideal cuyo fundamento es la idolatría que otro nos profesa y que profesamos a otro, y que se alimenta de nuestra vanidad. Como modelo de pareja resulta muy interesante pues contiene una trampa de doble vía. En esencia, significa que mientras yo represente aquello de mí que a ti te gusta, me admirarás e idolatrarás y seré digno de tu amor. A cambio, mientras tú representes eso de ti que a mí me gusta, te admiraré e idolatraré y serás digno de mi amor. Este pacto tácito implica que habría que reprimir y ocultar los aspectos que no nos agraden del otro, y viceversa. Por tanto, están unidos, como pareja, dos fragmentos en una especie de selección natural derivada del juego de atracción y vinculación de los amantes. Pero ahí radica la desgracia del amor así construido, y que infortunadamente es muy común: no se unen dos seres en su integridad, sino dos fragmentos condicionados a fingir que lo demás no existe.

ELABORAMOS NUESTROS PROPIOS RETRATOS

Por tanto, partimos de la proyección de algo nuestro que aprendimos a identificar como atractivo y seductor, y que fue útil como señuelo para obtener amor. Esa proyección que albergamos, rentable en términos románticos, es exaltada y matizada por nuestra pareja, de forma enfática en la etapa del enamoramiento, aunque por lo regular va más allá. En otras palabras, hay entre la pareja diversos tipos de "retratos":

- ▶ El que proyectamos con un propósito seductor.
- ▶ El que la pareja percibe y acepta, añadiendo sus propios matices y requerimientos (los que, por cierto, intentamos llenar).
- ▶ El que la pareja ha construido y del cual el otro es una aproximación.
- ▶ El que sentimos que somos íntimamente.

Estos retratos los hacen el uno y el otro, y entre ellos se forma una entidad independiente en el juego interactivo de los amantes: la entidad de la relación. Una especie de "personaje de relación" que actúa como sucedáneo de los seres reales que son y que se crea con el actuar cotidiano. Así se escribe una novela que contrasta y confronta las idealizaciones de las dos historias (la de él y la de ella) y de otras dos: la que hubieran querido que sucediera (que no siempre coinciden la de uno con la del otro), así como la que se despliega entre las realidades, sorpresas y desengaños de la vida diaria.

Vemos así que interactuamos con el reflejo de un reflejo de lo que aceptamos que es el otro. Intrincado, ¿cierto?

En efecto, convivimos con un ser que representa —por lo menos en buena medida— nuestra construcción imaginaria de la imagen que proyecta, en la que se suma lo que ha aceptado ser en el ámbito social a sus atributos atractivos desde el punto de vista sexual y romántico. Pero, además, en la interacción interviene el modelo de amor que asimilamos de nuestros padres desde la más temprana edad. No importa si dicho modelo es bueno, malo o regular, y tampoco importa si uno de nuestros padres nos faltó o si somos huérfanos, porque a veces el padre más presente en nuestra vida psicológica es el que estuvo ausente. Todo ese complejo juego forma la relación en sí.

Así tenemos a los dos miembros de la pareja, y a la relación, que parece tener una existencia independiente, como la de algunos personajes creados por escritores, que alcanzan una suerte de autonomía. De hecho, al disolverse una relación, suele desaparecer con ella una gama de ciertas virtudes y defectos, problemas personales, y formas de ser, hacer, percibir, sentir y pensar. Ésas que eran sostenidas por la energía mental emocional que se intercambiaba entre los integrantes de la pareja. Es decir, no era él, no era ella, sino una tercera entidad a la que podemos llamar la relación. Algo así como la suma de vasos comunicantes.

DOS EJEMPLOS

Los siguientes son ejemplos imperfectos (como lo son por definición todas las analogías), pero muy gráficos:

▶ El primero es un problema neurológico que dificulta que la persona coordine la información del hemisferio izquierdo del cerebro (más analítico) con la del derecho (más creativo); al estudiarlo, se encuentra que ambos hemisferios están en perfecto estado y que es el cuerpo calloso —precisamente el encargado de sincronizarlos— el que está dañado.

▶ El segundo es el de un elemento químico que funciona de manera estable al enlazarse con otro; sin embargo, cuando reacciona con ciertos elementos, su enlace produce compuestos inestables, venenosos o explosivos, que nunca hubieran tenido los elementos independientemente.

Cada pareja elabora a dúo su propio "retrato de Dorian Gray"; no es uno u otro, sino la relación a la que nos referimos. Es un retrato más finamente construido y más frágil, y suele suceder que cuando los ataques mutuos dejan de tener suficiente efecto, el siguiente blanco es esa entidad llamada relación. Ahora, esa relación que antes se idealizó y era fuente de motivación y orgullo, se convierte en el retrato guardado en la habitación, en una criatura a la que se le quiere ver deforme, ante el asombro de uno cuando el otro le revela lo que ve. La relación se convierte en el nuevo foco de ofensivas y reproches; llega a considerarse como una cosa maldita, una farsa, un veneno, y se vuelve blanco de las amenazas ante cualquier falla que la aleje de la imagen idealizada de "pareja Dorian Gray".

¿CÓMO ES LA IMAGEN QUE FORJAMOS?

No se trata de complicar innecesariamente el tema, pero es importante aclarar que tanto las imágenes que exhibimos como las que ocultamos no son una simple idea personal consciente, sino una especie de híbrido construido por la interacción de expectativas, proyecciones, memoria e imaginación, por lo menos, de las dos personas implicadas. Y no es sólo una fría imagen o una idea construida como abstracción del intelecto, sino una energía vital, una suerte de "alma" energética viva, creada y alimentada por ambos. De hecho, creo que en un análisis psicológico profesional o en un autoanálisis del tema de pareja (aunque puede extenderse a la relación padres-hijos, amigos y asociados) resultaría esclarecedor abarcar estos elementos uno a uno, planteando los siguientes cuestionamientos:

- ▶ ¿Cuál es la imagen que le proyecto y quiero sostener ante mi pareja para ser merecedor de amor?
- ▶ ¿Cuál es la imagen que interpreta al recibir mi proyección?
- ▶ ¿Cuál es la imagen o idea que tiene de mí como persona deseable de la que se enamoró y a la que desea mantener tal como la imagina?
- ▶ ¿Qué grado de congruencia y compatibilidad tiene su imagen con la mía?
- ▶ ¿Qué características oculto en el retrato escondido y qué tanto conoce de él mi pareja?
- ▶ ¿Quién siento que soy en realidad?

En fin... el propósito es tomar conciencia de que no se trata de un "yo social o romántico" simple y monofacético, sino de la imagen que formamos, una construcción a la que llamamos con el nombre de nuestra pareja. Alguien que para nosotros, más que un ser con existencia independiente, llega a ser un personaje importante de nuestra propia biografía que aporta características de su naturaleza, de las cuales escogemos ciertas facetas y les impregnamos matices para que encajen y cumplan su función de príncipe o princesa que nos exaltan y hasta nos salvan, o de bestia o bruja que nos asfixian o nos amargan, o de una mezcla de ellos. Por supuesto, lo común no es mantenerse en los extremos —aunque a menudo eso es lo que sucede—; más bien, nos ubicamos en grados y matices que oscilan entre lo deseable y lo insoportable.

Suponemos que la familiaridad disuelve de forma natural esas "imágenes" o identidades que creamos de otros y de nosotros mismos. Sin embargo, pensemos en los "padres cuervo", que idealizan a sus hijos; se niegan a ver sus defectos y sus errores, y los justifican ante profesores, amigos, parientes y otras personas que son testigos no sólo de lo desagradables que resultan algunos de sus comportamientos, sino del posible peligro para su desarrollo. Y hablo de edades que van desde la infancia temprana hasta la juventud. Por otro lado, también hay "padres víctimas" que satanizan cualquier conducta de sus hijos que salga de sus rígidas normas, y ven en ellos a unos pequeños demonios, cuando en realidad únicamente son niños de carácter inquieto y necesitados de atención.

Interactuamos con identidades parciales que de hecho son una construcción social. Es fácil reconocerlas en personas que en su arrogancia se sienten el centro de atención, que buscan atraer las miradas sin darse cuenta de que éstas pueden ser de hartazgo o burla porque su conducta les parece ridícula o pedante. En el otro extremo, algunos se minusvaloran, ven fracaso y caos donde sólo hay el curso normal de acontecimientos con sus dosis de dificultad y frustración. Siendo seres relativamente normales, proyectan una imagen de sí mismos en la que sobredimensionan sus fallas o sus defectos y los exhiben, como intentando atraer la compasión y sentir que importan, aunque sea negativamente, a los demás. Todos conocemos casos de imagen social o pública que ejemplifican cómo llega a ser un "alter ego" que a veces devora la vida y la experiencia dejando al yo que somos en esencia como un mero espectador sin voz ni voto.

Pero… ¿siempre es vergonzoso y causa repugnancia nuestro retrato escondido en una habitación bajo llave? Pienso que no, que muchas veces nos causa una sensación de claustrofobia al experimentar nuestra identidad enclaustrada en un personaje, que en ocasiones miramos con compasión y desesperación aquellas partes nuestras que quisiéramos abrazar en su abandono, perdonar en su culpa, comprender en su inmundicia, tolerar en sus imperfecciones, acariciar en sus dolores.

¿DE QUÉ TIPO DE RELACIÓN HABLAMOS?

Aquí valga una aclaración que se aplica a todo lo que escriba al respecto. El tema del libro no es la creación de una relación ejemplar y constructiva, sino lo contrario: cómo se construye, a nuestro pesar, una relación indeseable; por qué los sueños de amor y felicidad de aquel ser que escogimos como compañero de vida se transforman en tedio, molestia o pesadilla. Lo importante para nuestro bienestar posible y deseable es saber que los principios que operan para crear un infierno son los mismos que funcionan para construir un cielo. O, dicho de manera menos radical, los principios que pusimos en acción para crear una relación dolorosa y destructiva son los mismos que, usados de manera consciente, producen una relación placentera y constructiva. Son fuerzas creadoras que operan de acuerdo con leyes y principios; no son buenas ni malas, son generadoras de realidad, ajenas al gozo o al sufrimiento que generen.

La clave reside en que la interpretación que hacemos de la experiencia y la dirección que ésta toma dependen de nuestro motivo subyacente y están subordinadas a él. Ese motivo raíz, normalmente insospechado, que nos empuja inconscientemente a buscar determinadas experiencias.

¿QUÉ SUCEDE CUANDO UN MIEMBRO DE LA PAREJA TIENE ALGO EXCEPCIONAL?

En la mayoría de las relaciones comunes hay una proyección y la aceptación de una imagen idealizada que desencadena la problemática que aquí describimos. No obstante, la manifestación más radical de este fenómeno se presenta en las personas con alguna característica excepcional. Esto lo menciona explícitamente Basil en un diálogo con el interesante personaje coprotagónico, Lord Henry Wotton, el ingenioso amigo con una poderosa influencia sobre Dorian Gray.

—No me entiendes, Henry —respondió el artista—. No soy como él, por supuesto. Lo sé perfectamente. De hecho, lamentaría parecerme a él. ¿Te encoges de hombros? Te digo la verdad. Hay un destino adverso ligado a la superioridad física o intelectual, el destino adverso que persigue por toda la historia los pasos vacilantes de los reyes. Es mucho mejor no ser diferente de la mayoría. Los feos y los estúpidos son quienes mejor lo pasan en el mundo. Se pueden sentar a sus anchas y ver la función con la boca abierta. Aunque no sepan nada de triunfar, se ahorran al menos los desengaños de la derrota. Viven como todos deberíamos vivir, tranquilos, despreocupados, impasibles. Ni provocan la ruina de otros, ni la reciben de manos ajenas. Tu situación social y tu riqueza, Harry; mi cerebro, el que sea; mi arte, cualquiera que sea su valor; la belleza de Dorian Gray: todos vamos a sufrir por lo que los dioses nos han dado, y a sufrir terriblemente.

Es claro que la novela de Oscar Wilde se refiere a ese "retrato" que surge del embeleso que una persona con atributos excepcionales provoca, por su gracia, su belleza, su talento o su riqueza. Es común que el rico, el hermoso, el popular, el virtuoso, vivan sospechando, y pretendiendo ignorar su sospecha, que es de su dinero, de su fama, de su belleza, de su talento, de quien se enamora quien se suponen que lo ama. Admirar la belleza, el poder y el talento de otro no es malo en sí mismo; esa admiración, que es natural y sana, forma parte de los juegos de atracción y selección de pareja. El problema surge cuando se confunde a la persona con el atributo; cuando se ama la belleza, el dinero, el talento, pero el ser real que lo expresa es considerado simplemente un anexo intercambiable, al que a veces hay que tolerar con tal de poseer esa riqueza, esa belleza, ese talento y esa popularidad, que añaden glamour a nuestra personalidad, que incrementan la plusvalía de nuestro personaje social.

Es cierto que no podemos separar lo que somos de lo que hacemos y de las circunstancias que vivimos. El gran filósofo español José Ortega y Gasset lo resumió en una frase memorable: "Yo soy yo y mis circunstancias". Sin embargo, cabe resaltar que "mis circunstancias" son transitorias, efímeras y cambiantes, en tanto que el "yo" es lo único permanente a lo largo de la vida.

En cualquier relación —no sólo en la de pareja— aparecen los "retratos de Dorian Gray" que adoptamos, resaltando el atributo como máscara ideal, pero estática y maniquea; una máscara que excluye lo menos grato que hay en nuestro interior, ya sea porque son defectos reales o aspectos grises o sencillamente incompatibles con las normas sociales. El resultado es que quedamos siempre atados a lo sobresaliente de nosotros, perdiendo la libertad de sentirnos completos en nuestra imperfección. La película *Mentes que brillan* presenta un excelente ejemplo de lo que hablamos: su protagonista, Fred Tate, es un niño superdotado de siete años que llega a sentirse harto de ser reconocido y admirado por "inteligente" a costa de que se ignore lo que es y lo que necesita. Por ello, cuando en un determinado momento, instado por sus maestros, participa en un concurso llamado "Odisea de la mente", finge equivocarse y ser incapaz de resolver los problemas que se le presentan, mostrándose como un niño "normal" y abandonando el concurso. Es decir, renuncia a asumir como identidad su "retrato de Dorian Gray" pintado por sus admiradores, para poder ser él mismo, más allá de su cualidad ideal con la cual gana admiración, pero pierde libertad e identidad.

Es precisamente en esa pérdida de identidad y libertad donde podemos detectar el núcleo de los problemas que provocan la fragmentación y la inestabilidad en la relación amorosa, para transitar del deseo y la atracción a la repulsión y la crítica. La explicación es bastante simple: al sustituir el yo esencial por un personaje que representa idealizaciones, al asumir un personaje grato y enamorarnos del personaje grato de nuestra pareja (o cualquier ser amado), cambiamos lo real por lo aparente, optamos por simulaciones que terminan en una sensación de vacuidad y hastío, en vez de aceptar una totalidad dinámica que expresa la diversidad de matices en constante evolución. Uno representa ese cuadro bonito pero congelado en un aspecto ideal, ése que nos lleva a cambiar nuestra esencia viva por la apariencia estática. El otro representa una película siempre cambiante explorando horizontes nuevos.

CÓMO INICIA ESA RELACIÓN DE AMOR

Volviendo a nuestro análisis de la obra de Oscar Wilde, el autor expone de manera brillante este aspecto específico en el episodio donde narra cómo y por qué Dorian Gray se enamora de Sibyl Vane, una joven actriz, y por qué se desenamora de ella.

En busca de nuevas sensaciones, Gray incursiona en suburbios populares y en ambientes vulgares. Llama su atención un teatro de segunda donde se presenta la obra *Romeo y Julieta*, de William Shakespeare. Por mera curiosidad morbosa, entra y observa que la orquesta que se presenta es desafinada y los actores bastante malos. Pero cuando aparece la bella y talentosa Sibyl, representando a Julieta, queda absorto. Se enamora.

Aquí valdría la pena reproducir completos los capítulos 4, 5 y 6 de esta reconocida obra, en los que se narra el romance entre Dorian y Sibyl, pero, por obvias razones, nos concentraremos tan sólo en ciertos párrafos clave, algunos más o menos extensos, de manera que definan con la mayor claridad posible la idea fundamental de este romance. Y es que en este episodio Wilde —como pocos escritores logran hacerlo— describe crudamente la trampa fundamental de las historias de amor que a mediano o largo plazos terminan por disolverse, y también la de muchas que perduran, aunque viciadas. Daré espacio a las citas y limitaré los comentarios a los necesarios para explicitar el punto que quiero resaltar.

Dice Dorian Gray, al confesar su enamoramiento a su amigo Lord Henry Wotton:

> ¿Por qué tendría que no amarla? La quiero, Harry. Para mí lo es todo. Voy a verla actuar día tras día. Una noche es Rosalinda y la siguiente Imogen. La he visto morir en la penumbra de un sepulcro italiano, recogiendo el veneno

de labios de su amante. La he contemplado atravesando el bosque de las Ardenas, disfrazada de muchacho, con calzas, jubón y un gorro delicioso. Ha sido la loca que se presenta ante un rey culpable, dándole ruda para llevar y hierbas amargas que gustar. Ha sido inocente, y las negras manos de los celos han aplastado su cuello de junco. La he visto en todas las épocas y con todos los trajes. Las mujeres ordinarias no hacen volar nuestra imaginación. Están ancladas en su siglo. La fascinación nunca las transfigura. Se sabe lo que tienen en la cabeza con la misma facilidad que si se tratara del sombrero. Siempre se las encuentra. No hay misterio en ninguna de ellas. Van a pasear al parque por la mañana y charlan por la tarde en reuniones donde toman el té. Tienen una sonrisa estereotipada y los modales del momento. Son transparentes. ¡Pero una actriz! ¡Qué diferente es una actriz, Harry! ¿Por qué no me dijiste que la única cosa merecedora de amor es una actriz?

—Porque he querido a demasiadas, Dorian (responde Harry).

Parece un discurso romántico normal en alguien enamorado, pero la pregunta final pone de relieve el motivo del enamoramiento: "¿Por qué no me dijiste que la única cosa merecedora de amor es una actriz?"… ¿Una actriz? ¿No hay en estas palabras una extraña sensación de *déjà vu*, de que hemos sido actores representando un personaje con el que seducimos, o espectadores seducidos por un personaje? Hasta aquí parece no haber nada excepcional.

Y el diálogo continúa:

—¿Cuáles son tus relaciones actuales con Sibyl Vane?
Dorian Gray se puso en pie de un salto, las mejillas
encendidas y los ojos echando fuego.
—¡Harry! ¡Sibyl Vane es sagrada!
—Sólo las cosas sagradas merecen ser tocadas, Dorian
—dijo lord Henry, con una extraña nota de patetismo en la
voz—. Pero, ¿por qué tienes que enfadarte? Supongo que
será tuya algún día. Cuando se está enamorado empiezas
por engañarte a ti mismo y acabas engañando a los demás.
Eso es lo que el mundo llama una historia de amor.

Esta última frase, si bien parece demasiado radical y
pesimista, provoca que espontáneamente escaneemos nuestra memoria en busca de lo que llamamos "historias de
amor", con la sospecha de que encontraremos la confirmación de esta aseveración. ¿Hasta dónde lo que llamamos historias de amor son un intento de engañarnos que termina
por engañar a los demás, comenzando por nuestra pareja?
Y siguen los diálogos en el mismo tenor, añadiendo
pinceladas a esa visión de lo que implica enamoramiento... ¿O tal vez sería más exacto decir que siguen los diálogos quitando velos que ocultan la falacia que contiene el
enamoramiento, o, por lo menos, la mayoría de ellos? Veamos qué nos dice Wilde:

—No puedo dejar de ver actuar a Sibyl —exclamó—,
aunque sólo presencie el primer acto. Siento necesidad de
su presencia; y cuando pienso en el alma maravillosa escondida en ese cuerpecito de marfil, me lleno de asombro.

—Esta noche cenas conmigo, ¿no es cierto?

Dorian Gray hizo un gesto negativo con la cabeza.

—Hoy hace de Imogen —respondió—, y mañana por la noche será Julieta.

—¿Cuándo es Sibyl Vane?

—Nunca.

—Te felicito.

—¡Qué malvado eres! Sibyl es todas las grandes heroínas del mundo en una sola. Es más que una sola persona. Te ríes, pero yo te repito que es maravillosa. La quiero, y he de hacer que me quiera. Tú, que conoces todos los secretos de la vida, dime cómo hechizar a Sibyl Vane para que me quiera. Deseo dar celos a Romeo. Quiero que todos los amantes muertos oigan nuestras risas y se entristezcan. Quiero que un soplo de nuestra pasión remueva su polvo, despierte sus cenizas y los haga sufrir. ¡Cielos, Harry, cómo la adoro!

¡Cuánto contenido encierra este diálogo! Prácticamente no es necesario comentarlo para quien, con atención aguda, sabe leer entre líneas. "Sibyl es todas las grandes heroínas del mundo en una sola. ¿Y cuándo es Sibyl?… Nunca." Y remata confesando, con entusiasmo e ingenuidad a la vez, un deseo que muchos guardan en secreto, que completa el contexto de la vanidad y el egoísmo disfrazados bajo la apariencia de historia de amor, de apasionado romance: el deseo de causar envidia, de que los demás amantes se sientan celosos por su amor. Ése es el marco contextual de tantas historias de amor, repito; en mayor o menor grado, pocos romances son ajenos a esta trama que extravía ese deseo de amor original que se pierde en un laberinto de espejos en el que dejamos de reconocer cuál es el verdadero, cuáles son reflejos y cuáles son las rutas para llegar. ¿Y cuándo se nos ocurrió entrar en un laberinto de espejos? Creo que nacimos en él, fuimos educados en él y transitamos por él.

Y CÓMO TERMINA...

Ahora viene el suceso decisivo. En plena fiebre del entusiasmo del "amor", Dorian invita a sus amigos Lord Henrry y Basil, el pintor, a asistir a una representación de la obra *Romeo y Julieta*, con Sibyl como Julieta. Y ocurre lo inesperado: Sibyl, desconcentrada, actúa mal y sin su pasión habitual; pareciera que su mente está en otro lado. Los amigos de Dorian, decepcionados, ven a una bella joven, pero sin pasión ni talento. Al terminar, avergonzado y confundido, Dorian pide a sus amigos que se vayan y lo dejen solo. Se dirige a los camerinos a cuestionar a Sibyl, y ésta, al verlo, se dirige a él con candoroso entusiasmo:

—Dorian, Dorian —exclamó—, antes de conocerte, actuar era la única realidad de mi vida. Sólo vivía para el teatro. Creía que todo lo que pasaba en el teatro era verdad. Era Rosalinda una noche y Porcia otra. La alegría de Beatriz era mi alegría, e igualmente mías las penas de Cordelia. Lo creía todo. La gente vulgar que trabajaba conmigo me parecía tocada de divinidad. Los decorados eran mi mundo. Sólo sabía de sombras, pero me parecían reales. Luego llegaste tú, ¡mi maravilloso amor!, y sacaste a mi alma de su prisión. Me enseñaste qué es la realidad. Esta noche, por primera vez en mi vida, he visto el vacío, la impostura, la estupidez del espectáculo sin sentido en el que participaba. Hoy, por vez primera, me he dado cuenta de que Romeo era horroroso, viejo, y de que iba maquillado; que la luna sobre el huerto era mentira, que los decorados eran vulgares y que las palabras que decía eran irreales, que no eran mías, no eran lo que yo quería decir. Tú me has traído algo más elevado, algo de lo que todo el arte no es más que un reflejo. Me has hecho entender lo que es de verdad el amor. ¡Amor mío! ¡Mi príncipe azul! ¡Príncipe de mi vida! Me he cansado de las sombras. Eres para mí más de lo que pueda ser nunca el arte. ¿Qué tengo yo que ver con las marionetas de una obra? Cuando he salido a escena esta noche, no entendía cómo era posible que me hubiera quedado sin nada. Pensaba hacer una interpretación maravillosa y de pronto he descubierto que era incapaz de actuar. De repente he comprendido lo que significa amarte. Saberlo me ha hecho feliz. He sonreído al oír protestar a los espectadores. ¿Qué saben ellos de un amor como el nuestro? Llévame lejos, Dorian; llévame contigo a donde podamos estar completamente solos. Aborrezco el teatro. Sé imitar una pasión que no siento, pero no la que arde dentro de mí como un fuego. Dorian, Dorian, ¿no entiendes lo que significa? Incluso aunque pudiera hacerlo, sería para mí una profanación representar que estoy enamorada. Tú me has hecho verlo.

Dorian se dejó caer en el sofá y evitó mirarla.

—Has matado mi amor —murmuró.

Para mí, este monólogo vale todo el libro; dice más de lo que yo pueda exponer sobre el drama que representa este "efecto Dorian Gray" en cuanto a la trampa del amor insatisfecho.

Al ser tocada por el amor real, como si fuera el beso del príncipe que despierta de su sueño a la bella durmiente, Sibyl despierta de las sombras de amores dramáticos pero ajenos y simulados, que ahora le parecen huecos e insípidos, y los deja. Abandona la impostura de un mero espectáculo vacío, por la fuerza que brota del espíritu del amor real. Cambia los ritos estereotipados de amor que las sociedades y las épocas prefabrican, por una experiencia directa de amor despojado de adornos. Pero Dorian ni lo reconoce ni lo acepta.

Prefiere amar aquello que simula sus fantasías románticas idealizadas y rechaza la experiencia del amor genuino despojado de imitaciones teatralizadas. No es amor lo que busca, sino una representación idealizada de éste; no desea lo que el amor es sino lo que simula ser. Prefiere las sombras del amor a la luz del amor. Cuando Sibyl deja de representar el amor como actuación del ideal y saca a la luz el amor real despojado de disfraces, el amor de Dorian, o su deseo de amar, desaparece. Y es que lo que amaba era la exhibición de las formas magnificadas y no la esencia simple y radiante; eran las formas espectaculares las que lo hacían sentirse un ser especial y único, una representación de amor que propiciara admiración y envidia por su grandeza mítica. No importaba si el amor representado estuviera vacío; lo fundamental era que fuera espectacular... pero ese otro amor, el nacido de la fuente original en el interior, indiferente a las opiniones y las preferencias sociales, fue rechazado. Cristo dijo: "Estaba en la piedra que rechazaron los constructores". Esa piedra que es la única capaz de soportar, como base, la construcción de un templo del amor. Aquella que ni se derrumba ni cede.

En seguida, el desenlace de este episodio:

Sibyl lo miró asombrada y se echó a reír. El muchacho no respondió. Ella se acercó, y con una mano le acarició el pelo. A continuación se arrodilló y se apoderó de sus manos, besándoselas. Dorian las retiró, estremecido por un escalofrío.

Luego se puso en pie de un salto, dirigiéndose hacia la puerta.

—Sí —exclamó—; has matado mi amor. Eras un estímulo para mi imaginación. Ahora ni siquiera despiertas mi curiosidad. No tienes ningún efecto sobre mí. Te amaba porque eras maravillosa, porque tenías genio e inteligencia, porque hacías reales los sueños de los grandes poetas y dabas forma y contenido a las sombras del arte. Has tirado todo eso por la ventana. Eres superficial y estúpida. ¡Cielo santo! ¡Qué loco estaba al quererte! ¡Qué imbécil he sido! Ya no significas nada para mí. Nunca volveré a verte. Nunca pensaré en ti. Nunca mencionaré tu nombre. No te das cuenta de lo que representabas para mí. Pensarlo me resulta intolerable. ¡Quisiera no haberte visto nunca! Has destruido la poesía de mi vida. ¡Qué poco sabes del amor si dices que ahoga el arte! Sin el arte no eres nada. Yo te hubiera hecho famosa, espléndida, deslumbrante. El mundo te hubiera adorado, y habrías llevado mi nombre. Pero, ahora, ¿qué eres? Una actriz de tercera categoría con una cara bonita.

Sibyl palideció y empezó a temblar. Juntó las manos, apretándolas mucho, y dijo, con una voz que se le perdía en la garganta:

—No hablas en serio, ¿verdad, Dorian? —murmuró—. Estás actuando.

—¿Actuando? Eso lo dejo para ti, que lo haces tan bien —respondió él con amargura.

Alzándose de donde se había arrodillado, y con una penosa expresión de dolor en el rostro, la muchacha cruzó la habitación para acercarse a él. Le puso la mano en el brazo, mirándole a los ojos. Dorian la apartó con violencia.

—¡No me toques! —gritó.

A Sibyl se le escapó un gemido apenas audible mientras se arrojaba a sus pies, quedándose allí como una flor pisoteada.

—¡No me dejes, Dorian! —susurró—. Siento no haber interpretado bien mi papel. Pensaba en ti todo el tiempo. Pero lo intentaré, claro que lo intentaré. Se me presentó tan de repente… mi amor por ti. Creo que nunca lo habría sabido si no me hubieras besado, si no nos hubiéramos besado. Bésame otra vez, amor mío. No te alejes de mí. No lo soportaría. No me dejes… Pero tú, ¿no me puedes perdonar lo que ha pasado esta noche? Trabajaré muchísimo y me esforzaré por mejorar. No seas cruel conmigo, porque te amo más que a nada en el mundo. Después de todo, sólo he dejado de complacerte en una ocasión. Pero tienes toda la razón, Dorian, tendría que haber demostrado que soy una artista. Qué cosa tan absurda; aunque, en realidad, no he podido evitarlo. No me dejes, por favor…

Un ataque de apasionados sollozos la atenazó. Se encogió en el suelo como una criatura herida, y los labios bellamente dibujados de Dorian Gray, mirándola desde lo alto, se curvaron en un gesto de consumado desdén. Las emociones de las personas que se ha dejado de amar siempre tienen algo de ridículo. Sibyl Vane le resultaba absurdamente melodramática. Sus lágrimas y sus sollozos le importunaban.

—Me voy —dijo por fin, con voz clara y tranquila—. No quiero parecer descortés, pero me será imposible volver a verte. Me has decepcionado.

Sibyl lloraba en silencio, pero no respondió; tan sólo se arrastró, para acercarse más a Dorian. Extendió las manos ciegamente, dando la impresión de buscarlo. El muchacho se dio la vuelta y salió de la habitación. Unos instantes después había abandonado el teatro.

Sibyl se suicida un día después.

Es significativo que, en su desesperación, la joven Sybil ofrece, no su ser, no su amor más genuino y puro, sino convertirse en quien Dorian le pida que sea. Está dispuesta a volver a interpretar amores épicos y fantásticos que no son suyos, sacrificando la expresión de su amor humano y real para asumir un personaje que no es ella, con una forma de amor que no es real, representando una historia ajena, todo, con tal de vivir un amor cuya condición es que lo reprima con alguien que ama, para que éste ame algo que no es ella. O sea, él plantea algo así: "Finge un amor para que yo pueda fingir que te amo, que amo a quien no eres tú, pero que me sirve de pretexto para disfrutar una idea de lo que me hace sentir protagonista de un espectacular concepto de amor". Absurdo y bizarro, ¿no? Para yo vivir el amor, necesito no ser yo, ni expresar mi amor, sino fingir que soy otro, para que la persona a quien amo ame a ese otro que no soy yo. Suena confuso, y eso es justo lo que es.

En la secuencia cronológica de la historia, es aquí donde por primera vez Dorian Gray cae en la cuenta de que sus actos indignos y egoístas deforman su retrato escondido.

Buscaba todas las heroínas en una, todos los ideales de historias de amor representados en una sola mujer. Mi Venus, mi Julieta, mi princesa encantada (o, para una mujer, mi Adonis, mi Romeo, mi príncipe azul). Buscaba recuerdos en su memoria, pero no la buscaba a ella, ni le interesaba saber quién era ella, ni cómo era, ni qué quería. Se conformaba con que ella representara la idea que él mantenía en su mente referente al amor.

Su actitud me recuerda a la de esos turistas que, al llegar al lugar donde se encuentra un palacio, una iglesia o una obra de arte, miran para comprobar que éste o ésta sea igual a la imagen que aparece en su guía turística; acto seguido se toman la foto y ya tienen lo que deseaban: un trofeo para mostrar. Ya quedó asentado el registro que los asocia con ese monumento u obra espectacular que los hace sentir grandiosos. Ni siquiera notaron, o apenas si detectaron vagamente, la fuerza atemporal que emana del lugar o del objeto artístico y su entorno. En consecuencia, su experiencia cumbre se limitó a arribar a un lugar famoso y sentirse orgullosos de haberlo hecho para poder compartirlo o presumirlo. Así como este tipo de turistas pasan casi sin advertirlo junto a las maravillosas obras de arte cercanas al cuadro más famoso que sólo sirvió de adorno para la *selfie*, el Dorian Gray del amor pasa por alto las maravillas en torno al ser amado que no forman parte de su "guía turística" de las grandes historias de amor.

EL RECHAZO DEL AMOR SIN ARTIFICIOS

Como ocurrió al rechazar Dorian Gray el amor sin disfraz de Sibyl, es común que nosotros repudiemos la simple experiencia directa del amor, sin más adorno que su propio "estado natural". Es común que en su lugar busquemos algo melodramático, fantasioso, cursi, o una mala imitación de las grandes novelas, o, peor aun, una imitación de novelas comerciales que imponen modelos populares artificialmente grandiosos, trágicos y a menudo ridículos, como podemos constatar en la televisión o en algunas películas románticas.

Sí, sin duda, solemos negarnos a vivir el amor cuando éste se hace presente en su estado original, antes de la adaptación a la que es sometido para que encaje con la imaginería particular. Y lo rechazamos sencillamente porque no podemos reconocerlo despojado de sus disfraces "adecuados" y de sus dramas estereotipados que son tan sólo accesorios opcionales, totalmente intercambiables. Se trata de un fenómeno parecido al de la moda y sus gustos transitorios, que provoca que cierto tipo de personas tiendan a aceptar o rechazar a un pretendiente por su grado de compatibilidad con la forma de vestir, de actuar y de hablar valoradas en su grupo socioeconómico.

Cuando estamos frente al ser amado en estado de desnudez, por lo general nos sentimos incapaces de detectar las formas de amor que surgen a la vista; nos sentimos confundidos por la ausencia de parámetros de clasificación, de marcos de referencia que nos permitan ver si una pareja determinada "nos queda bien", de la misma manera que ante un espejo vemos si un atuendo determinado "nos queda bien".

Sigue el texto:

—Me dijiste que para ti Sibyl Vane representaba a todas las heroínas novelescas; que una noche era Desdémona y otra Julieta; que si moría como Julieta, volvía a la vida como Imogen.

—Nunca resucitará ya —murmuró el muchacho, escondiendo la cara entre las manos.

—No, nunca más. Ha interpretado su último papel. Pero debes pensar en esa muerte solitaria en un camerino de oropel como un extraño pasaje espeluznante de una tragedia jacobea, como una maravillosa escena de Webster, de Ford o de Cyril Tourneur. Esa muchacha nunca ha vivido realmente, de manera que tampoco ha muerto de verdad. Para ti, al menos, siempre ha sido un sueño, un fantasma que revoloteaba por las obras de Shakespeare y las hacía más encantadoras con su presencia, un caramillo con el que la música de Shakespeare sonaba mejor y más alegre. En el momento en que tocó la vida real, desapareció el encanto, la vida la echó a perder, y Sibyl murió. Lleva duelo por Ofelia, si quieres. Cúbrete la cabeza con cenizas porque Cordelia ha sido estrangulada. Clama contra el cielo porque ha muerto la hija de Brabantio. Pero no malgastes tus lágrimas por Sibyl Vane. Era menos real que todas ellas.

La frase final de este párrafo es demoledora por su crudeza: "No malgastes tus lágrimas por Sibyl Vane. Era menos real que todas ellas". En este contexto parece escalofriante que podamos haber sido una pareja o haber tenido una pareja que fuera semidesconocida; que en realidad el afecto, la pasión, la exaltación, el conflicto, la decepción, entre otros sentimientos, hayan gravitado en torno, no a quien era, sino a lo que representaba en nuestras fabulaciones por vivir un amor fantástico. ¿Parece demasiado? Tal vez, pero es que algo en nosotros intuye que la mayoría vivimos no sólo sin llegar a conocer de forma esencial y profunda a nuestros seres queridos y cercanos sino sin lograr conocemos a nosotros mismos. Y al no conocernos, aunque intentemos amarnos y amar, acabamos amando actitudes, cualidades, apariencias, cosas que hacemos, logros destacados, ideas de lo que quisiéramos que fuera nuestro ser amado, pero que no son él ni somos nosotros.

Por eso creo que sí tiene mucho sentido la frase: "Sibyl era la menos real". No pienso que se trate de una confusión condenable; más bien, es parte de la formación que hemos asimilado en nuestra cultura. Recordemos que el camino propuesto por los grandes y genuinos guías espirituales, por los más lúcidos psicólogos y terapeutas, y por otros sistemas serios de desarrollo es, en esencia, un camino para encontrarnos a nosotros mismos. Jung lo llamaba el proceso de individuación, pero adopta muchos nombres más, y ninguno se alcanza con la mera lectura de un libro o por la participación en un taller un fin de semana. Es un proceso de toda una vida, porque siempre presenta nuevos horizontes por explorar. No es posible amar con plenitud e integridad a nuestra pareja, en tanto no sepamos con claridad qué y quiénes somos, para así poder amar desde lo que somos a quien verdaderamente es nuestro ser amado, y no a una proyección o un fragmento.

Y continuamos con nuestro análisis:

Después de algún tiempo Dorian Gray alzó los ojos.

—Me has explicado a mí mismo, Harry —murmuró, con algo parecido a un suspiro de alivio—. Aunque sentía lo que has dicho, me daba miedo, y no era capaz de decírmelo. ¡Qué bien me conoces! Pero no vamos a hablar más de lo sucedido. Ha sido una experiencia maravillosa. Eso es todo. Me pregunto si la vida aún me reserva alguna otra cosa tan extraordinaria.

Así, nuestro protagonista convierte la muerte de Sibyl, producto del dolor de su amor desengañado, en mera aventura que alimenta su necesidad de tener experiencias a cualquier precio. En realidad, su principal propósito es satisfacer un hedonismo narcisista; ese enamoramiento apasionado no era más que una representación teatralizada de su egolatría. No era la mujer real la fuente de su deleite; la posibilidad de confirmar su capacidad de seducción y la compañía de un ser que lo adornaba era lo que convertía su vida en algo envidiable.

He aquí una clara muestra de ese egoísmo, de esa vanidad narcisista que genera en la persona indiferencia a lo que el otro experimenta como pareja. En una situación así, el interés central radica en su papel protagónico, y lo que le sucede al otro, bueno o malo, fracasos o logros, lo contempla en términos del beneficio que le deja. Incluso el amor, los actos nobles que lleva a cabo y la ayuda que proporciona, cumplen el propósito de enaltecer su propia imagen de altruista. Alguien así intenta mantener su autoimagen y su imagen pública como las de un ser bello y maravilloso, aunque el retrato que esconde muestre que sus verdaderos móviles morales y motivos ocultos son egoístas, carecen de nobleza y dignidad, y dejan una huella que no queremos ver, pero que, por temor disimulado o curiosidad, termina mirando de cuando en cuando.

NUESTRO PROPIO RETRATO: ¿BRUJAS O BESTIAS?

No es difícil imaginar que algunos artistas del espectáculo, por ejemplo, u otros que viven de ser admirados y adulados por los personajes que son en la sociedad, conservan bajo llave un retrato de Dorian Gray, porque sienten que amenaza su posición y le temen. Y tampoco me cuesta trabajo imaginar cómo el retrato que nos hace la persona a quien tomamos por pareja nos atrapa con su irresistible espejismo de banalidad.

Si bien el efecto Dorian Gray no constituye la causa fundamental de que una mujer se convierta en bruja o un hombre en bestia, pienso que el fenómeno de rechazo que provoca en la relación de pareja no se debe a una causa única. Sí creo, en cambio, que es un elemento presente y activo con mucha más frecuencia de la que imaginamos, aunque, obviamente, en distinto grado y con diferente alcance en cada pareja.

En la obra de Wilde notamos la fascinación y la idealización que se apoderaron del pintor del retrato; observamos cómo éste vinculó a Dorian con los ideales de belleza de Adonis, Paris, Adriano, entre otros. Y nosotros, al igual que Basil, colocamos a un ser real, imperfecto y en proceso de evolución, en el lugar de un arquetipo ideal; en nuestra mente —de manera inconsciente, por supuesto— sustituimos al ser real por el ideal, pretendiendo que la realidad se mantenga fiel al arquetipo. E, inevitablemente, la idea que albergamos y ponemos en marcha queda propensa a causar una decepción y a "traicionar" la perfección que atribuimos.

Creo que quienes ya vivimos la etapa de aquellas conquistas amorosas de la juventud conservamos en el baúl de los recuerdos, como un secreto tesoro que pasamos por alto, que pareciera estar ahí por casualidad, casi olvidada, la remembranza de alguien que nos amó de manera simple, honesta y diáfana, pero a quien ignoramos por no corresponder a los estereotipos en uso en esos tiempos. Sin embargo, en su aparente insignificancia, perdura la verdad de lo que fue sin ser apreciado: se trata de un recuerdo que no desaparecerá del todo, de alguien cuyo amor simple y diáfano fue casi ignorado por nosotros por no representar ningún drama conocido, por no asemejarse a ningún protagonista de historias de amor, pero que estaba ahí, sin alardear y ajeno a la ostentación, con la simplicidad que acompaña a lo genuino y verdadero.

FORMAS DE AMOR QUE NOS ATRAEN

Los seres humanos acostumbramos explorar formas de dar amor aceptables en términos sociales. Solemos aprender los mecanismos básicos de la interacción en el seno del hogar, con nuestros padres y hermanos; después, como en un curso intensivo, lo hacemos en la escuela y en nuestro círculo social durante la pubertad y la adolescencia. Por lo regular, las lecciones son duras y exigen que nos adaptemos a formas, códigos y comportamientos que envíen mensajes de pertenencia y aceptación. El lenguaje, los ademanes, los sitios de diversión, los pasatiempos, la música y la vestimenta suelen ser instrumentos que abrazamos, a veces de manera artificial, y usamos como señales para indicar que queremos amar y ser amados.

Todo ello compone un comportamiento ritualizado para transmitir un "te amo y quiero que me ames". Es un constructo con el que envolvemos el amor de tal manera que éste puede quedar difuminado entre las formas, tanto para nosotros como para nuestro ser amado. Es necesario cuidarnos de no confundir el rito y el símbolo con la sustancia viva del amor, en especial cuando los conocemos bien y los usamos hábilmente. Pareciera que aprendimos a vivir entre dos vías irreconciliables de acercamiento a la experiencia del amor romántico: por un lado, el dominio y la exhibición del símbolo y el rito, y por otro, la manifestación directa del amor despojada de lenguajes secundarios. En una vía se pierde la esencia y se experimenta la forma, y en la otra se vive una realidad íntima y solitaria, que al exhibirse resulta profundamente vulnerable.

EN LA TRAMPA

Ahora quiero señalar una trampa sutil que incluso puede confundirse con una virtud y que es muy probable que la mayoría de las personas no advierta. Y es comprensible, porque detectarla causa cierta disonancia cognitiva, cierto choque con la estructura psíquica maniqueísta[1] asimilada por la cultura occidental. Precisamente porque nos identificamos con el "bueno" y repudiamos al "malo", pensamos que el amor verdadero era el de Sibyl, y el falso, el de Dorian. Es más fácil buscar un culpable y señalarlo que mirar el panorama completo desde una posición imparcial y objetiva. Es más fácil mirar desde una postura divisoria en la que se enfrentan el bien y el mal, en la que hay personas buenas (las afines a mí) y malas (las adversas a mí). Es más fácil sentir compasión por el bueno, el inocente, la víctima de la injusticia, e indignación por el malo, el abusivo, el que es más fuerte, ¿no? En nuestras propias historias de amor, son los otros los que no tienen la estatura para ver nuestra entrega y esfuerzo, los que se dejan atrapar en las redes superficiales de las apariencias, incapaces de captar la profundidad de nuestro amor. O lo inverso, terminamos culpándolos a nosotros mismos por todos los problemas y fracasos.

Sin embargo, si observamos con atención y desapego emocional el amor de Sibyl, intenso y capaz de hacerla renunciar a sí misma con tal de conservar a Dorian, tal vez nos parezca digno, ejemplar, puro… Pero, para comenzar, preguntémonos:

- ▶ ¿Qué tan digno puede ser aferrarse a amar a quien desprecia tu amor?

---

[1] El maniqueísmo se define como una tendencia a contemplar la realidad sólo como la oposición entre lo que se considera bueno y lo que se considera malo.

▶ ¿Qué tan genuino puede ser si es capaz de someterse y fingir lo que no es, con tal de mantener a su objeto?

▶ ¿Qué tan profundo, si lo que causa el embeleso es un hombre bello y apuesto, pero con sentimientos vanos,ególatras, insensibles al sufrimiento de quien decía amar, y que además apenas conoce?

▶ ¿Qué tan libre es este amor si su obsesión está atada a quien valora, no a ella sino a lo que imita en su actuación?

En fin, Sibyl también estaba enamorada o, en términos más precisos, atrapada por la belleza y la galanura de un hombre indigno en su interior; es decir, estaba atrapada por la apariencia deslumbrante de un alma vil vestida como un Adonis galante.

Entonces, obviamente, Sibyl amaba un retrato bello pero vacío. No estaba menos engañada que Dorian. Ambos amores tenían como fundamento un engaño, el engaño a sí mismos sobre el verdadero móvil de su amor. Indudablemente, el amor de Sibyl era genuino e intenso como sentimiento experimentado, pero era también un engaño en lo que respecta a amar a un ser humano, porque lo que ella amaba era lo que Dorian parecía ser: un príncipe azul (de hecho, así lo llamaba, pues ni siquiera sabía su nombre). En otras palabras, estaba enamorada de su propia ilusión proyectada en la bella apariencia de Dorian.

¿Parece familiar tal situación? Este detalle de la historia puede ser una pista para reflexionar acerca de cuántas veces hemos caído en esa doble falacia del amor; una evidente (la de él) y otra encubierta (la de ella), pero ambas son, o han sido, parte de algunas de nuestras historias de amor que no reconocimos. Y son también una pista para comprenderlas y liberarnos de ellas.

En nuestro esfuerzo de acercamiento al amor, todos vivimos grados de simulación, pero también niveles de acercamiento a su esencia invisible e integradora. Todos intentamos mostrar lo mejor y esconder lo peor, según lo dicten nuestros valores y definiciones, así como nuestros temores e impulsos subconscientes. Pero si llegamos al grado de vender nuestra alma para mantener una apariencia que asumimos como nuestro ser, esta dicotomía se convierte en un peligro real para nuestra salud mental y emocional. Resumiendo, cuando la apariencia usurpa el lugar de la esencia nos perdemos. Es diferente expresarnos por medio de nuestra apariencia a querer ser nuestra apariencia. Este tipo de confusión puede parecer irrelevante para la cultura actual, tan acostumbrada a vivir en las formas que llega a olvidar que puede vivir desde el ser, desde el yo central, desde la libertad.

COMO CONCLUSIÓN SOBRE EL AMOR DE SIBYL Y DORIAN GRAY

Desde este punto de vista, más que en ser, invertimos nuestra energía en parecer; cuidamos la forma y olvidamos la esencia. De esta manera, cambiamos el amor por sus representaciones y sus señales. Intercambiamos el amor por sus señuelos. No queremos vivirlo o, queriendo vivirlo, lo confundimos con la seducción y la conquista porque éstas confirman nuestro atractivo y reafirman nuestra autovaloración… por lo menos en algún aspecto, que no es precisamente la capacidad de amar. Nos entregamos al rito simultáneo de seducir y ser seducidos en el juego de fuerzas de atracción y resistencia, y lo aceptamos como sustituto de la experiencia que nos brinda el amor. En los casos extremos y patológicos, si tenemos suficientes cualidades, nos convertimos en cazadores de buenas presas. Y ¿qué sucede? Cuando atrapamos a la presa y la enjaulamos para disfrutarla, o la atravesamos con una flecha y vamos por la siguiente, la emoción del supuesto amor desaparece. Me refiero a ese pseudoamor tan conocido que es, en el fondo, una combinación de suspenso, tensión y adrenalina que produce la conquista.

En cierta condición, a fuerza de intimar, descubrimos las sombras o el retrato oculto de Dorian Gray de nuestra pareja, quien, al sentirse descubierta, se aterra, enloquece y, como mecanismo de defensa, contraataca. Frenéticamente, escarba y señala el "retrato de Dorian Gray" nuestro para echárnoslo en cara. Así se desata una batalla de "retratazos" en la que, cada vez con mayor énfasis, mutuamente nos restregamos las deformidades de nuestros retratos ocultos. De hecho, en la mayoría de las transformaciones del príncipe azul y la princesa encantada en bestia y bruja, respectivamente, éste es el mecanismo detonante, al que podríamos llamar "la declaración de guerra de los retratos ocultos".

En otra condición que se presenta, nosotros mismos somos quienes repintamos el retrato de Dorian Gray a manera de venganza. Esta actitud es en realidad una proyección de nuestros propios demonios: en lugar de, o además de, pintar un retrato de belleza y virtud, llega un momento en que lo repintamos para hacerlo ver espantoso y le ponemos el nombre de nuestro ser amado o —cabe especificar— inmaduramente amado, que incluso se convierte en "nuestro ser odiado".

Cuando un prospecto de pareja representa a un personaje que se asemeja lo suficiente al trazado por nuestra imaginación romántica-erótica, nos enamoramos. La tragedia empieza cuando descubrimos a la persona despojada de todas las fantasías que le proyectamos y de los papeles que, sin saberlo, desempeña. Entonces, disimulamos la decepción y el desasosiego, aparece el desprecio y, al fin y al cabo, la crueldad que desahogamos sencillamente porque no se trata de un ideal nuestro. Un ideal a nuestro servicio y para nuestro beneficio. Lo rechazamos por no representar la imagen de lo que hemos construido poco a poco con el remanente de historias de amor que nos proporcionan los modelos, ésos que intentamos reproducir en la relación.

Detrás del retrato que inconscientemente le hacemos y regalamos al amado como testimonio de que vemos y apreciamos sus mejores cualidades, hay el mensaje velado de que lo que amamos de él es lo que aparece en el retrato y no todo "lo demás" que es. De tal forma, los peligros latentes en dar y aceptar el retrato implican dualidad irreconciliable: "Amo lo bueno de ti, odio lo malo de ti; eso significa que mi amor está condicionado a la fidelidad con que representes el retrato que 'yo' pinté, y que el hecho de romper el acuerdo tácito de representar al personaje del retrato se considerará traición".

En el romance entre Dorian y Sibyl se aprecian dos peculiaridades. Ella amaba al personaje idealizado y exaltado, a la faceta sobresaliente de Dorian Gray, en tanto que él amaba a simples representaciones de heroínas de historias de amor. Ambos estaban atrapados por el engaño del papel que interpretaban; sin embargo, ella lo necesitaba precisamente porque el personaje exaltado era una faceta propia de él. En cambio, Dorian no la necesitaba a ella, sino al mito, y cualquier persona que pudiera representarlo era aceptable. En un caso se busca un ídolo carismático, y en el otro, un buen personaje de novela sin importar quien lo actúe, con tal de que actúe bien.

Se trata de dos modelos de relación característicos de nuestra sociedad, modelos básicos que permanecen latentes e inocuos mientras no les permitamos crecer hasta volverse invasivos. Admirar las cualidades de nuestra pareja es saludable si se mantiene como una parte más de la interacción sin convertirse en la necesidad central que permee la vida en común. Por otro lado, cierto sabor a historias de amor y desamor puede tener su encanto (siempre y cuando se valore al ser humano y no a la necesidad del drama), pero hasta ahí, como un elemento más de la dinámica diversidad de factores que enriquezcan la relación. No es recomendable considerarlo el aspecto sustancial de una relación, pues además de ser un falso soporte la empobrece.

LA MUERTE DE BASIL

Aquel personaje iniciador o impulsor que indujo a Dorian Gray a buscar múltiples placeres, fue quien lo descubrió y finalmente provocó su ruina.

El verdadero autor del retrato fue el pintor Basil, quien, en su deslumbramiento, siente una especie de idolatría por la belleza de Gray, lo que equivale al enamoramiento. De esa percepción obsesiva nace el retrato que se convierte en la desgracia de Dorian, cuando éste lo acepta como regalo y decide adoptar esa representación sobresaliente suya como identidad. Hay una etapa, que inicia en la infancia, en la que nos formamos una identidad con los rasgos que llaman la atención porque exhiben nuestras cualidades sobresalientes.

De manera simbólica, Basil representa a los padres, hermanos, amigos, admiradores y todo aquello que ayudó a formar y aceptar a un personaje protagónico que ha de representar nuestro retrato de Dorian Gray. Y, en un sentido particular, el pintor simboliza también a la persona con quien suscribimos un acuerdo tácito de ser admirados mientras representemos al personaje sobresaliente que hay en nosotros. Encarna, pues, a cualquiera que nos regale una concepción o un retrato espléndido de nosotros mismos, el cual adoptamos como personaje central.

Pero, ¿qué ocurre cuando el autor de nuestro retrato descubre que no somos precisamente lo que éste refleja, que hay más y no todo es ideal? Según la novela de Wilde, Basil escucha rumores sobre esa otra faceta oscura y depravada de Dorian y lo confronta con incredulidad. Refiriéndose a alguien que le informa de dichos rumores, le dice a Gray:

A él le dije que era absurdo; que te conocía perfectamente, y que eras incapaz de nada parecido. ¿Te conozco? Me pregunto si es verdad que te conozco. Antes de contestar tendría que ver tu alma.

—¡Ver mi alma! —murmuró Dorian Gray, alzándose del sofá y palideciendo de miedo.

—Sí —respondió Basil con mucha seriedad y un tono profundamente pesaroso—; ver tu alma. Pero eso sólo lo puede hacer Dios.

Una amarga risotada de burla salió de los labios de su interlocutor.

—¡Vas a tener ocasión de verla esta misma noche! —exclamó, tomando una lámpara de la mesa—. Ven: es obra tuya. ¿Por qué tendría que ocultártela?

Desesperado ante el inminente desengaño que le espera, Basil, su creador, su adorador, se niega a aceptar la realidad que su frenética idealización le impide ver. Por tanto, le pide a Dorian que lo desmienta y le asegura que le creerá sin cuestionarlo. Prefiere la mentira que mantenga su ilusión a los hechos descarnados; elige permanecer en la comodidad del engaño a la verdad que la destruirá, aun cuando ésta sea liberadora y, en última instancia, útil para reajustar la situación de modo que puedan vivir una amistad más genuina y profunda. Todos tenemos en uno u otro grado esa necesidad de negar, de ignorar ciertos errores de quienes amamos y, aunque esto pueda ser saludable para mantener la armonía en una relación, también implica cierto peligro. Por otro lado, cegarnos a cierto tipo de oscuras evidencias puede ser desastroso y hasta mortal en casos extremos. Los errores y defectos no deberán ignorarse, sino comprenderse, lo mismo que las virtudes y los aciertos.

No es posible basar la conquista del amor, si se quiere vivir como experiencia íntegra y unificadora, en la admiración excluyente del fragmento idealizado de la personalidad que nos mostramos mutuamente. Ello significa engañar al otro y engañarnos a nosotros sobre lo que sí es y escondemos o sobre lo que no es y mostramos.

Este episodio del desenlace entre Dorian Gray y Basil (los dos implicados en el famoso retrato, quien lo pinta y quien posa, quien lo da y quien lo acepta) ilustra claramente cómo nos negamos a aceptar la evidencia cuando aún nos encontramos bajo el hechizo del enamoramiento o de un amor ciego. Cómo negamos el peligro de envolverse en ese juego sin desenmascararlo a tiempo y que, llevado demasiado lejos, puede producir una verdadera conmoción cargada de dolor, desesperación y violencia.

El hecho de detectar esos lados "oscuros", en vez de impulsarnos a aceptar que estamos descubriendo aspectos nuevos y poco agradables de nuestra pareja, produce en nosotros un choque que interpretamos como una traición por incumplimiento de expectativas. Sin embargo, estoy convencido de que no es saludable comparar al ser amado —sea pareja, hijo, amigo o nuestros padres— con nuestras expectativas para juzgar si está bien o mal; más bien, se le descubre como el explorador descubre un territorio: disfrutando sus cascadas y sus paisajes, pero también teniendo cuidado con sus abismos y sus bichos. Cada uno de los más de siete mil millones de seres humanos que habitamos el planeta, incluida nuestra pareja, es como es, no como creemos que es o como esperamos que sea. Nadie es una creencia o una expectativa, nadie es luz sin sombra.

El entramado en el que podemos quedar atrapados —y, repito, todos vivimos algo de ello en diferentes grados y tiempos— podría tener un final drástico, en el que algo se colapsa. Así se aprecia en la siguiente parte de la novela, en la que Dorian muestra al pintor Basil cómo se ha desfigurado su creación.

—Lo que tengo que decir es esto —exclamó (Basil)—. Has de darme alguna respuesta a las terribles acusaciones que se hacen contra ti. Si me dices que son absolutamente falsas de principio a fin, te creeré. ¡Niégalas, Dorian, hazme el favor de negarlas! ¿No ves lo mucho que estoy sufriendo? ¡Dios del cielo! No me digas que eres un malvado, un corrupto, un infame.

Dorian Gray sonrió. Un gesto de desprecio le curvó los labios.

—Sube conmigo, Basil —dijo con calma—. Llevo un diario de mi vida que no sale nunca de la habitación donde se escribe. Te lo enseñaré si me acompañas.

Cuando le muestra el cuadro, Basil se horroriza, como podría sucedernos si nuestro ser amado nos confesara las sombras que oculta. Reproduzco aquí la narración del trágico desenlace de ese suceso:

De los labios del pintor sale una exclamación de horror al ver, en la penumbra, el espantoso rostro que le sonreía desde el lienzo. Había algo en su expresión que le produjo de inmediato repugnancia y aborrecimiento. ¡Dios del cielo! ¡Era el rostro de Dorian Gray lo que estaba viendo! La misteriosa abominación aún no había destruido por completo su extraordinaria belleza. Quedaban restos de oro en los cabe-

llos que clareaban y una sombra de color en la boca sensual.
Los ojos hinchados conservaban algo de la pureza de su azul,
las nobles curvas no habían desaparecido por completo de
la cincelada nariz ni del cuello bien modelado. Sí, se trataba de Dorian. Pero, ¿quién lo había hecho? Le pareció reconocer sus propias pinceladas y, en cuanto al marco, también
el diseño era suyo. La idea era monstruosa, pero, de todos
modos, sintió miedo. Apoderándose de la vela encendida,
se acercó al cuadro. Abajo, a la izquierda, halló su nombre,
trazado con largas letras de brillante bermellón.

Se trataba de una parodia repugnante, de una infame
e innoble caricatura. Aquel lienzo no era obra suya. Y, sin
embargo, era su retrato. No cabía la menor duda, y sintió
como si, en un momento, la sangre que le corría por las
venas hubiera pasado del fuego al hielo inerte. ¡Su cuadro! ¿Qué significaba aquello? ¿Por qué había cambiado?
Volviéndose, miró a Dorian Gray con ojos de enfermo. La
boca se le contrajo y la lengua, completamente seca, fue
incapaz de articular el menor sonido. Se pasó la mano por
la frente, recogiendo un sudor pegajoso.

Su joven amigo, apoyado contra la repisa de la chime-
nea, lo contemplaba con la extraña expresión que se descubre en quienes contemplan absortos una representación
teatral cuando actúa algún gran intérprete. No era ni de verdadero dolor ni de verdadera alegría. Se trataba simplemente
de la pasión del espectador, quizá con un pasajero resplan-
dor de triunfo en los ojos. Dorian Gray se había quitado la
flor que llevaba en el ojal, y la estaba oliendo o fingía olerla.

—¿Qué significa esto? —exclamó Basil, finalmente. Su
propia voz le resultó discordante y extraña.

—Hace años, cuando no era más que un adolescente —dijo Dorian Gray, aplastando la flor con la mano—, me conociste, me halagaste la vanidad y me enseñaste a sentirme orgulloso de mi belleza. Un día me presentaste a uno de tus amigos, que me explicó la maravilla de la juventud, mientras tú terminabas el retrato que me reveló el milagro de la belleza. En un momento de locura del que, incluso ahora, ignoro aún si lamento o no, formulé un deseo, aunque quizá tú lo llamaras una plegaria...

—¡Lo recuerdo! ¡Sí, lo recuerdo perfectamente! ¡No! Eso es imposible. Esta habitación está llena de humedad. El moho ha atacado el lienzo. Los colores que utilicé contenían algún desafortunado veneno mineral. Te aseguro que es imposible.

—¿Qué es imposible? —murmuró Dorian, acercándose al balcón y apoyando la frente contra el frío cristal empañado por la niebla.

—Me dijiste que lo habías destruido.

—Estaba equivocado. El retrato me ha destruido a mí.

—No creo que sea mi cuadro.

—¿No descubres en él a tu ideal? —preguntó Dorian con amargura.

—Mi ideal, como tú lo llamas...

—Como tú lo llamaste.

—No había maldad en él, no tenía nada de qué avergonzarse. Fuiste para mí el ideal que nunca volveré a encontrar. Y ése es el rostro de un sátiro.

—Es el rostro de mi alma.

—¡Cielo santo! ¡Qué criatura elegí para adorar! Tiene los ojos de un demonio.

—Todos llevamos dentro el cielo y el infierno —exclamó Dorian con un desmedido gesto de desesperación. Basil se volvió de nuevo hacia el retrato y lo contempló fijamente.

—¡Dios mío! Si es cierto —exclamó—, y esto es lo que has hecho con tu vida, ¡eres todavía peor de lo que imaginan quienes te atacan! —acercó de nuevo la vela al lienzo para examinarlo. La superficie parecía seguir exactamente como él la dejara. La corrupción y el horror surgían, al parecer, de las entrañas del cuadro. La vida interior del retratado se manifestaba misteriosamente, y la lepra del pecado devoraba lentamente el cuadro. La descomposición de un cadáver en un sepulcro lleno de humedades no sería un espectáculo tan espantoso.

Le tembló la mano; la vela cayó de la palmatoria al suelo y empezó a chisporrotear. Hallward la apagó con el pie. Luego se dejó caer en la desvencijada silla cercana a la mesa y escondió el rostro entre las manos.

—¡Cielo santo, Dorian, qué lección! ¡Qué terrible lección! —no recibió respuesta, pero oía sollozar a su amigo junto a la ventana—. Reza, Dorian, reza —murmuró—. ¿Qué era lo que nos enseñaban a decir cuando éramos niños? "No nos dejes caer en la tentación. Perdona nuestros pecados. Borra nuestras iniquidades." Vamos a repetirlo juntos. La plegaria de tu orgullo encontró respuesta. La plegaria de tu arrepentimiento también será escuchada. Te admiré en exceso. Ambos hemos sido castigados.

Dorian Gray se volvió lentamente, mirándolo con ojos enturbiados por las lágrimas.

—Es demasiado tarde —balbució.

—Nunca es demasiado tarde. Arrodillémonos y trate-
mos juntos de recordar una oración. ¿No hay un versículo
que dice: "Aunque vuestros pecados fuesen como la gra-
na, quedarían blancos como la nieve"?

—Esas palabras ya nada significan para mí.

—¡Calla! No digas eso. Ya has hecho suficientes mal-
dades en tu vida. ¡Dios bendito! ¿No ves cómo esa odiosa
criatura se ríe de nosotros?

Dorian Gray lanzó una ojeada al cuadro y, de repente,
un odio incontrolable hacia Basil Hallward se apoderó de él,
como si se lo hubiera sugerido la imagen del lienzo, como
si se lo hubieran susurrado al oído aquellos labios burlones.
Las pasiones salvajes de un animal acorralado se encendie-
ron en su interior, y odió al hombre que estaba sentado a la
mesa más de lo que había odiado a nada ni a nadie en toda
su vida. Lanzó a su alrededor miradas extraviadas. Algo
brillaba en lo alto de la cómoda pintada que tenía enfrente. Sus ojos se detuvieron sobre aquel objeto. Sabía de qué
se trataba. Era un cuchillo que había traído unos días antes
para cortar un trozo de cuerda y luego había olvidado llevarse. Se movió lentamente en su dirección, pasando junto a Hallward. Cuando estuvo tras él, lo empuñó y se dio la
vuelta. Hallward se movió en la silla, como disponiéndose a
levantarse. Arrojándose sobre él, le hundió el cuchillo en la
gran vena que se halla detrás del oído, golpeándole la cabeza contra la mesa, y apuñalándolo después repetidas veces.

Sólo se oyó un gemido sofocado, y el horrible ruido de
alguien a quien ahoga su propia sangre. Tres veces los bra-
zos extendidos se alzaron, convulsos, agitando en el aire
grotescas manos de dedos rígidos.

Desde un punto de vista simbólico, este episodio es extraordinariamente revelador. ¿Qué es lo que en realidad mata Dorian Gray? Cada quien reflexionará su respuesta a esta pregunta de acuerdo con su propia experiencia, su sinceridad y su entendimiento. Pero caro cobramos el hecho de que quien nos admiró mire nuestro lado oscuro y se desilusione con lo que ve. Caro lo cobramos y caro nos cobran por ello. Matamos algo que podríamos llamar "el falso fundamento de la relación amorosa". Y al matarlo, la relación muere con él. Pero esta muerte sólo ocurre si no hay más fundamento que la soporte que el engaño de confundir el retrato con el individuo. Las relaciones fundadas en el engaño se disuelven al llegar el desengaño. Sin embargo, no hay que confundir una relación que se mantiene solamente porque se mantiene el engaño, con una que se mantiene a pesar del embate de los desengaños porque está fundada sobre algo más sólido. Ese "algo sólido", esa piedra de fundación y cimiento, no es una emoción apasionada por otra u otro; las emociones son inestables y no pueden soportar la intensa vida íntima implicada en una relación amorosa profunda.

Esa idea del amor como una mera emoción o sentimiento es un engaño. Sí, el amor penetra el sentimiento y purifica las emociones, pero no es una emoción ni un sentimiento. El amor aclara y refina nuestro pensamiento, pero no es un pensamiento. El amor vitaliza nuestros sistemas orgánicos, como el endocrino y el nervioso, pero no es un sistema orgánico. El amor, indefinible como parece ser, tiene su fuente más allá de esas formas en que solemos reconocerlo y no está ni circunscrito ni sujeto a ellas. Reconocer lo que somos más allá de todas nuestras facetas y reconocer el amor más allá de las formas que adopta es la misma gran obra, el mismo gran viaje que los sabios de todas las épocas han mencionado como el viaje que lleva de la apariencia a lo real.

No podemos decidir amar e ir en busca de algún tipo o tipa que parezca "adecuado" para experimentar las delicias del amor eterno y vivir felices para siempre. Por lo general, esto significa usar a una persona como medio para la sobreestimulación de emociones apasionadas que nos ayuden a olvidar nuestra carencia.

Más bien lo que hay que decidir es hacer un viaje hacia nuestro interior penetrando una tras otra las capas que ocultan el amor y, una vez que lo encontremos en nosotros, compartirlo. Un viaje como éste exige perseverancia y valor, pero sobre todo una honestidad indestructible. ¡Qué diferente es estar en el amor con la paz y la estabilidad que lo acompañan y compartirlo con alguien, a buscar quien llene un vacío y satisfaga la necesidad de valorarnos!

LA MUERTE DE DORIAN GRAY

Días después de haber asesinado a Basil, Dorian Gray luchaba aún contra el remordimiento que intentaba acallar. Haber ocultado en el retrato durante años las huellas de sus actos más terribles, mientras mantenía la apariencia bella y joven de la obra original, se convertía en un peso cada vez más difícil de soportar. Intentar aliviar su dolor con el asesinato de su amigo pintor no había servido más que para aumentarlo. Entonces decidió dirigirse al propio cuadro. Así sigue la novela:

Pero aquel asesinato… ¿iba a perseguirlo toda su vida? ¿Siempre tendría que soportar el peso de su pasado?

¿Tendría que confesar? Nunca. No había más que una prueba en contra suya. El cuadro mismo: ésa era la prueba. Lo destruiría. ¿Por qué lo había conservado tanto tiempo? Años atrás le proporcionaba el placer de contemplar cómo cambiaba y se hacía viejo. En los últimos tiempos ese placer había desaparecido. El cuadro le impedía dormir. Cuando salía de viaje, le horrorizaba la posibilidad de que lo contemplasen otros ojos. Teñía de melancolía sus pasiones. Su simple recuerdo echaba a perder muchos momentos de alegría. Había sido para él algo así como su conciencia. Sí. Había sido su conciencia. Lo destruiría.

Miró a su alrededor y vio el cuchillo con el que apuñaló a Basil Hallward. Lo había limpiado muchas veces, hasta que desaparecieron todas las manchas. Brillaba, lanzaba destellos. De la misma manera que había matado al pintor, mataría su obra y todo lo que significaba. Mataría el pasado y, cuando estuviera muerto, él recobraría la libertad. Acabaría con aquella monstruosa vida del alma y, sin sus odiosas advertencias, recobraría la paz. Empuñó el arma y con ella apuñaló el retrato.

Se oyó un grito y el golpe de una caída. El grito puso de manifiesto un sufrimiento tan espantoso que los criados despertaron asustados y salieron en silencio de sus habitaciones…

Hay varias formas de entender este desenlace. Una evidente es que la carga que recae sobre un ser humano al aceptar representar un personaje por siempre se vuelve más pesada, en la medida en que su vida entera depende de conservar ese papel. Si hay una cualidad extraordinaria de por medio, ésta puede ser fuente de todo tipo de gratificaciones y, sin embargo, en casos extremos, una silenciosa angustia por vivir fragmentado lo carcome poco a poco, al grado de que en su desesperación se destruye a sí mismo quitándose la vida. En algunos documentales se recopilan casos de personajes famosos, como artistas de todos los géneros, superestrellas e ídolos populares, que aparentemente lo tenían todo y, sin embargo, se quitaron la vida porque no la soportaban en esas circunstancias. En el simbolismo del que hablamos, no soportaron vivir representando su bello retrato mientras ocultaban al "otro" que se consumía entre las sombras y la soledad.

En el otro extremo hallamos una interpretación menos literal. Como he comentado, albergamos la necesidad natural de manifestar la belleza y el esplendor latentes en nosotros y de combatir lo indeseable. Interpretar este instinto de manera equivocada ocasiona que nos dividamos en dos fragmentos aparentemente irreconciliables: uno aceptable que vinculamos con el "yo" y mostramos en el ámbito social, y otro inaceptable que separamos del "yo" y escondemos. Nos resistimos a aceptar como nuestro o causado por nosotros aquello que negamos. Al negarnos a reconocerlo en nosotros, lo proyectamos hacia los demás, y cuanto más profundamente nos relacionemos con otros, más fácil será que lo enfoquemos en ellos. Por consiguiente, nuestra pareja —que en la mayoría de los casos es la persona con quien sostenemos la relación más estrecha— se convierte en el foco de nuestras proyecciones. Bajo esta lógica, perdemos la posibilidad de controlar esa sombra que ocultamos y atribuimos a otros, pues suponemos que no es nuestra ni está en otros. Al considerarla insoportable y no poder controlarla, intentamos destruirla, pero en realidad a quien destruimos es a nosotros mismos.

Así termina la novela:

> Transcurrido un cuarto de hora aproximadamente, el mayordomo tomó consigo al cochero y a uno de los lacayos y subió en silencio las escaleras. Los golpes en la puerta no obtuvieron contestación. Y todo siguió en silencio cuando llamaron a su amo de viva voz. Finalmente, después de tratar en vano de forzar la puerta, salieron y desde el tejado descendieron hasta el balcón. Una vez allí entraron sin dificultad: los pestillos eran muy antiguos.
>
> En el interior encontraron, colgado de la pared, un espléndido retrato de su señor, Dorian Gray, tal como lo habían visto por última vez, en todo el esplendor de su juventud y singular belleza. En el suelo, vestido de etiqueta, y con un cuchillo clavado en el corazón, hallaron el cadáver de un hombre viejo, muy consumido, lleno de arrugas y con un rostro repugnante. Sólo lo reconocieron cuando examinaron las sortijas que llevaba en los dedos.

¿Qué nos dice esta culminación? Al final la farsa cesa, la simulación termina y el personaje que representamos regresa a su lugar: una bella imagen plasmada en un lienzo, en tanto que nosotros, de golpe, sentimos en carne propia lo que tanto escondimos.

CÓMO SÍ AMAR

Si consideramos lo leído hasta ahora, surge la pregunta: ¿hay que abandonar el ideal en pos de una realidad cotidiana que surja espontáneamente, o hay que abandonar la realidad espontánea en pos de un amor ideal?

No, no es necesario renunciar al ideal del amor en pos de lo cotidiano y común, ni renunciar al amor cotidiano y real en aras de un ideal. La trampa está en confundir nuestro ideal con la dramatización de historias famosas, ajenas y espectaculares que flotan en el inconsciente colectivo, es decir, sustituir nuestro ideal con otros prestados. La trampa está en confundir la expresión natural de amor de nuestro ser verdadero con la necesidad de asumir un protagonismo sensacionalista en el centro de los reflectores. Una cosa es que seamos, inevitablemente, el punto consciente de referencia de la experiencia desde donde se vive el amor, y otra muy diferente es que busquemos el papel protagónico de macho o hembra alfa en una vivencia cuyo valor cotizamos según su impacto sobre otros y cuyo éxito tasamos por comparación con famosas historias de amor con sus teatralidades y sensacionalismos.

Todos vivimos, en mayor o menor grado, el conflicto entre amar el alma de nuestra pareja y aceptar, por ese mismo amor, sus formas de manifestación aun burdas o torpes, las que desentonan y lastiman.

Todos enfrentamos en algún momento esa experiencia de que buscando el amor aparezcan las sombras. En algunos sistemas de pensamiento antiguos esa experiencia era llamada "El Espectro del Umbral", que era un demonio que guardaba las puertas del templo. Partía de la idea de que la personalidad humana es como un templo en cuyo centro está la fuente del amor y la presencia divina. En contraste con el exterior, donde había división, engaño y conflicto. Siguiendo está simbología, en los templos góticos, como en los tibetanos e hindúes, la divinidad era ubicada en lo más interno del templo; en cambio, en el exterior o en las puertas colocaban gárgolas o demonios.

Estos símbolos transmitían dos mensajes. Por un lado significa que es inútil buscar el amor "afuera", lo único que se encontrará ahí son sus reflejos y sus sombras. Por otro lado nos dice que antes de entrar al interior, donde está el amor, hay que enfrentar sombras y demonios, comprendiéndolos. Porque mientras el corazón sea incapaz de ver sin escandalizarse, sin odiar ni condenar las deformidades que acompañan a la sociedad, a nuestra pareja y, sobre todo, a nosotros mismos, no será posible acceder a lo que hay en el interior. La idea es simple: no podemos estar en el interior más sagrado del templo, condenando a los demás, como tampoco podemos estar en el seno del amor y a la vez odiar las fallas de nuestro ser amado, menos cuando ese ser amado somos nosotros mismos.

El camino de la crítica y la condena de la oscuridad, errores, defectos, deficiencias y áreas inmaduras, termina en las puertas del templo. En cambio, el camino de la tolerancia, la comprensión, el perdón y la sanación de las deformidades y aberraciones de nuestro propio retrato o del de nuestro ser amado —ése que escondemos con vergüenza, dolor e ignorancia, a menudo inconscientemente, pero que necesita ser aliviado con amor y comprensión— abre las puertas hacia el interior, donde reside un Amor que se renueva a sí mismo y una Paz más allá de las condiciones.

¿Acaso estamos condenados a no experimentar el verdadero amor, sino a medias, uno que sea medio falso, medio real? Sí.

Mientras intentemos vivir el amor desde la simulación de un personaje, viviremos, en consecuencia, una simulación de amor. La experiencia del amor guarda una proporción directa con la capacidad de vivir genuinamente desde el ser. Asumir a un personaje como identidad es vivir en el sueño como un maravilloso autómata funcional. Asumir el "yo soy" sin identificarnos con roles y personajes es estar despiertos, y sólo despiertos se puede amar; los dormidos no aman, sueñan. Ese amor atrapado en personajes que nos adjudicaron, que se dirige al mero personaje semificticio representado por su pareja, sólo parece amar mientras estén presentes las condiciones de simulación. ¿Acaso no hemos observado que cuando un rico pierde su fortuna o un famoso su fama o un bello su belleza, el amor suele desaparecer? No, no se puede vivir la dimensión del amor real desde el sueño y la simulación. Eso únicamente es posible si estamos en contacto con el ser y el amor que existen más allá de las condiciones. De otra manera, el amor se queda en un nivel de dualidad amor-odio, atracción-rechazo, donde amo lo que cumpla mis condiciones, odio lo que no las cumpla y soy lo que es atractivo, no lo que es desagradable.

Si nos empeñamos en identificarnos con fragmentos del yo, estaremos condenados a vivir fragmentos inestables y débiles de amor. A lo que la mayoría de las personas aspira es a lograr un intercambio de apoyo y afecto que proporcione cierta estabilidad. No hay una fórmula simple para vivir el amor, y si la hay, el camino para lograrla implica la entrega total, en cuerpo y alma, a ese propósito durante toda nuestra existencia.

La buena noticia es que por más retratos que hayamos aceptado, por más que hayamos fingido amor, por más que estemos atrapados por un personaje, permanece en nuestro interior "algo" indestructible que es libre y tiene posibilidad de renovar su expresión una y otra vez. No existe mandato o costumbre que nos obligue a ser lo que no queremos ser.

Pretendemos cambiar nuestra experiencia del amor para mejorarla, sin cambiar nuestra idea del amor, de la pareja, del ser humano y del propósito de todos ellos, y eso no es posible. La experiencia con el amor es inevitable, está presente dondequiera que haya o haya habido algún tipo de relación, comenzando por la que sostenemos con nosotros mismos y siguiendo con nuestra relación con la vida, con los seres humanos y, en especial, con nuestra pareja. De esta última se habla permanentemente en diferentes ámbitos (la filosofía, la psicología, la música, el teatro, el cine, la publicidad, la televisión, entre otros) porque es vital en la experiencia humana.

El tema de este libro y de este capítulo no es cómo renovar la experiencia del amor, por lo menos no de forma directa; más bien, es ayudar indirectamente al señalar las rutas que surcan el camino del amor y conducen a expresar las consecuencias oscuras que hacen vivir ese dolor surgido de la sombra y el rechazo. Por consiguiente, no me extenderé explicando cómo creo que deben enfrentarse esas sombras en terrenos tenebrosos que pueden convertir a un príncipe en bestia y a una princesa en bruja. Me limitaré a decir que el viaje del amor es como el viaje de nuestro planeta que se desplaza en el universo en círculos ascendentes que nunca tocan de nuevo el mismo sitio. Aunque la Tierra complete su ciclo anual alrededor del Sol, nunca regresa al mismo sitio; es como una escalera de caracol: a cada vuelta nos encontramos en el mismo lugar, pero un piso más arriba. El viaje no tiene fin ni destino que no sea explorar siempre más allá: siempre un nuevo horizonte del amor y de la vida.

Provoca escalofrío pensar que en el viaje del amor, que es la esencia de la vida, que es una jornada de aventura y descubrimiento permanentes, nos mantengamos adormecidos en un sueño hipnótico empeñados en ver repetición mecánica y viciada donde hay cambio constante y riqueza inagotable. Creo que los retos que aparecen disfrazados de cosas indeseables, sombras, dolor y decepciones, en realidad son invitaciones de la vida en forma de llamadas de atención, no para castigarnos por malos, sino para impulsarnos a la renovación. Una renovación que comienza con la conciencia y transforma la manera de percibir e interpretar, sacudiéndola para despertarla, no para cargarnos con culpa por tener defectos y cometer errores. La vida no culpa, enseña.

No es el amor el que causa sufrimiento, sino confundirlo con otras cosas. La fuerza creadora del amor es renovadora, destruye lo indigno y exalta lo digno; despoja de lo superfluo e innecesario y libera lo realmente sustancial y trascendente; pone en evidencia lo inútil de la gratificación meramente personal y egoísta, y muestra el placer de sentirnos integrados a un todo.

Los placeres y frutos del amor que disfrutábamos empiezan a sentirse insuficientes y tóxicos, no por el amor en

sí mismo, sino por las cargas ajenas que añadimos consciente e inconscientemente cuando queremos experimen-
tarlo. En el momento en que el amor que hemos vivido
ya no es suficiente, comenzamos una búsqueda que nos
conduzca a una forma de vivirlo nueva y más elevada. Es
precisamente en este trayecto que nos lleva de los viejos
y gastados placeres personales del amor hacia uno menos
egoísta y más libre, donde podemos sentirnos perdidos
pues nos quedamos sin la vieja forma de amor y no tenemos la nueva aún. Pero vale la pena perseverar en el viaje.

Parece más fácil y redituable asumir ese personaje
espectacular que hay en nosotros, y vivir ese amor que busca ganancias e imita historias grandiosas, que asumir nuestro verdadero yo y vivir un amor sin fingir. No obstante, la
historia de Dorian Gray muestra que esto es una trampa.

Soy consciente de la incomodidad que el tema de la
sombra produce en muchas personas, en especial en algunas que se sienten cómodas con su personaje y están bien
adaptadas a un juego del amor que han adoptado como
pareja. Sin embargo, es un hecho que mientras el sueño es
placentero a nadie le interesa despertar; son las pesadillas
las que incitan a ello. Hay una frase al respecto: "Bienaven-
turados los que están despiertos, dichosos los que duer-
men, pero adversidad y esfuerzo para quienes están en el
proceso del despertar de la conciencia".

Al final de la búsqueda del amor no encuentras a otra
persona: te encuentras a ti mismo en el otro y al otro en ti
mismo. Y cuando te encuentras a ti mismo, encuentras el
amor que está en todos y en todo.

Agradecimientos

Honro a mis antecesores, en primer plano a mis padres, y les agradezco por la vida y por todo lo que me han dado y enseñado.

A mis amados hijos Marcia y Francisco, de quienes es un verdadero placer ser madre.

A todos mis pacientes, que a lo largo de 27 años me han enseñado tanto.

A mi editora Fernanda Álvarez, por su inteligencia y su excelente labor. A Gilda Moreno y Fernando Álvarez, por su valiosa contribución en la edición de este libro.

A mi querido amigo, el escultor Miguel Romo Guerra, por sus muy valiosas aportaciones para enriquecer este libro.

A la vida misma… ¡que me encanta y me embriaga!…

Como una mujer se convierte en bruja y un hombre en bestia de Martha Alicia Chávez
se terminó de imprimir en septiembre de 2017
en los talleres de
Litográfica Ingramex, S.A. de C.V.
Centeno 162-1, Col. Granjas Esmeralda, C.P. 09810
Ciudad de México.